Die Zahlen bezeichnen die Nummern, unter denen die Strecken im Fahrplan zu finden sind.

- Reichsbahnstrecken mit Schnell.- und Eilzügen.
- Elektrisch betriebene Strecken.
- Reichsbahnstrecken ohne Schnell.-und Eilzüge.
- Staatsgrenze.

Oliver Bräuer

MIT VOLLDAMPF DURCH SACHSEN

Eine Dampfreise durch Sachsen im letzten Jahrzehnt der DDR

transpress

Einbandgestaltung: Luis dos Santos

Titelbild: Fluss, Straße, Bahnstrecke – ein für hügelige bis gebirgige Landstriche im Allgemeinen, für Sachsen im Besonderen typisches Szenario, allein das Ausmaß an Eindrücklichkeit der Landschaft unterscheidet sich von Ort zu Ort, von Tal zu Tal und beschäftigt(e) sowohl den Maler als auch den (Landschafts-) fotografen – letzteren auch in seiner Sonderform als Eisenbahnfotograf, für den die Landschaft – meist – nur Kulisse, Hintergrund, ist. Aber es gibt diese Augenblicke, in denen Eisenbahn und Landschaft eine Einheit zu bilden scheinen, der Zug buchstäblich die perfekte Ergänzung einer harmonischen Landschaft, einer absolut in sich ruhenden Szenerie ist: Nossens wunderschönes Einzelstück 50 1002-0 mitten in Sachsen, in Gleisberg-Marbach, im März 1982.
Foto: Oliver Bräuer

Rückseite: Ein Wintermorgen im Jahre 2020. Tatsächlich, 2020? – Zeit ist vergangen, Ideen und Überzeugungen, Menschen und Gebäude, Firmen und Bahnstrecken, Straßennamen, ja ganze Gesellschaften sind verschwunden. Aber da steht diese kleine schwarze Lokomotive und köchelt friedvoll vor sich hin, und es riecht – herrlich! – nach Kohle und heißem Öl. Als wäre nichts gewesen, so steht sie da. Aber das war, das ist nicht selbstverständlich:
Ein herzlicher Dank an alle, die in den letzten Jahrzehnten mit Leidenschaft dafür gesorgt haben, dass man in Sachsen immer noch tagein, tagaus das grandiose Zusammenspiel von Stahl und Dampf, den Geist von George Stephenson – wo immer er auch sei –, erleben kann.
Foto: Oliver Bräuer

Vorsatz: Streckenkarte von 1983. Abbildung: Archiv Bräuer
Nachsatz: Streckenkarte von 2022. Abbildung: https://www.openrailwaymap.org/ (CC-BY-SA 2.0) Die OpenRailwayMap ist eine Themenkarte für Eisenbahn-Infrastruktur auf OpenStreetMap-Basis.

Bildnachweis:
Die zur Illustration dieses Buches verwendeten Aufnahmen stammen – wenn nichts anderes vermerkt ist – vom Verfasser.

Der Autor dankt den Betreibern der Webseiten www.dampflokomotivarchiv.de und www.eisenbahn-museumsfahrzeuge.de für ihre großartige Arbeit, die ihm die Möglichkeit gab, das eine oder andere statistische Detail nachzuschlagen.

ISBN 978-3-613-71637-7

1. Auflage 2022

Sie finden uns im Internet unter www.transpress.de

Lektor: Hartmut Lange
Innengestaltung: Jürgen Knopf
Repro: Medien und Printprodukte, 74321 Bietigheim
Druck und Bindung: Conzella Verlagsbuchbinderei, 85609 Aschheim-Dornach
Printed in Germany

Inhalt

Einleitung

Exkursion

Man stelle sich einen Freitag im Mai – der Eisenbahnfotografen Lieblingsmonat, mit zeitigem Sonnenaufgang, kühlen Morgenstunden und diesen 200 Grünschattierungen von gelblich über satt bis dunkel in der Landschaft – des Jahres 1984 vor: Ein einigermaßen flottes Fahrzeug (das überaus populäre Mokick der Marke »S50«, das ubiquitäre Fortbewegungsmittel vor allem der DDR-Jugend, genügte vollauf – zu zweit brauchte das zwar eine gewisse Begeisterung, aber die hatte man ja) und entsprechende zeitliche Flexibilität vorausgesetzt, wäre folgender Tagesablauf möglich gewesen:

Kurz vor 6 Uhr Treffen in Radebeul Ost mit dem ersten Dampfzug des Tages, dem schmalspurigen P 14202 nach Radeburg, wie immer bespannt von einer Neubaulok der Baureihe 99.17. Raus aus dem Elbtal Richtung Königsbrück, ins Revier der Kamenzer 52er. Irgendwo dort ist eine davon mit dem morgendlichen Nahgüterzug nach Dresden-Klotzsche unterwegs. Dann eine Münze werfen: Den P 4859 von Hoyerswerda nach Dresden in der Steigung von Schmorkau nach Weißbach abwarten – oder weiter Richtung Kamenz, zum üblicherweise von je einer 52er gezogenen und geschobenen Dg 50272 von Kamenz nach Dresden-Friedrichstadt? Ein »Donnerwetter«, das seinesgleichen sucht. Danach zum Bahnhof – schauen, was an der Ladestraße, dem offiziellen Abstellplatz des (viel zu) kleinen Bw Kamenz, heute so »rumsteht«. Weiter in die Stadt – Bäcker, Fleischer, Frühstück: Frische Brötchen und leckere »Kamenzer«, so es denn welche gibt (wie das im benachbarten Radeberg abgefüllte Bier, so fielen auch die »echten« Kamenzer Würstchen in die Kategorie »Bückware«), aber ein paar frische Wiener tun's auch. Gegen 10 Uhr ist in Arnsdorf mit der Durchfahrt des 49511 nach Görlitz zu rechnen, man könnte an der Brücke in Fischbach auf die Bautzener 52er warten. Dann wird es Zeit für einen Ortswechsel Richtung Nossen, denn der mittägliche P 15768 nach Riesa wird freitags von der Nossener 35 1113 bespannt, zu allem Überfluss assistiert von einer 50er. Weiter nach Riesa, die Abfahrt der 35er vor dem nur freitags und sonntags verkehrenden Eilzug nach Magdeburg abwarten, auch wenn das Licht dafür lausig steht – nebenan steht derweil eine Elsterwerdaer Reko-52er mit dem P 3946 Richtung Heimat. Es ist nur ein Katzensprung nach Mügeln – ein Rundgang über den ehemals größten Schmalspurbahnhof Europas, hier ist ständig eine sächsische IV K (... ja, so etwas gibt es noch!) als Rangierlok anzutreffen. Dann warten auf den »Feierabendzug« aus Oschatz, der mit gleich zwei dieser Loks bespannt ist. Nun ist es nach 16 Uhr, schnell weiter nach Döbeln zum abendlichen Treffen der Nossener und Karl-Marx-Städter 50er, wunderbar zu beobachten von der Brücke über die westliche Bahnhofsausfahrt. Noch nicht genug? Rüber nach Nossen, wo noch vor Sonnenuntergang eine 50er mit einem Personenzug nach Riesa aufbrechen wird. Zeit fürs Abendessen (wenn sich oben am Markt nichts finden sollte, dann halt in der »Mitropa« mit Blick aufs Bw) – danach schafft man es noch zu Nachtaufnahmen des schmalspurigen »Lumpensammlers« GmP 69919 um 22:30 Uhr von Freital-Hainsberg nach »Dipps«. Oder doch lieber nach Hause, denn der Tag war eigentlich lang genug und die »Ausbeute« ja eigentlich großartig – und die Freitaler Strecke morgen als Rahmenprogramm für eine Tour zur 86er nach Schlettau einplanen?

Das »Wie« und »Wohin« wäre nun also geklärt. Fehlt nur noch das »Warum«, und nun wird es schwierig: In einem äußerlich eher unscheinbaren Buch, das im Jahre 1988 erschienen ist, das es fotografisch faustdick hinter den Ohren hat und das den wunderbaren Titel »Parni Symfonie« (den man praktischerweise nicht übersetzen muss) trägt, sinnieren die tschechischen (und slowakischen) Autoren über eine Art (über)natürliche, innere Beziehung zwischen der »Seele« der Dampfmaschine und dem menschlichen Unterbewusstsein, indem sie postulieren: Fordere man ein siebenjähriges Kind auf, eine Lokomotive zu malen, so wird es diese höchstwahrscheinlich mit einem Kessel darstellen, und mit einem Kamin, aus dem schwarzer Rauch quillt – obwohl die Wahrscheinlichkeit (bezogen auf das Ende des 20. Jahrhunderts) sehr, sehr groß ist, dass es noch nie eine solche mit eigenen Augen gesehen hat. Und schwärmerisch fahren sie fort: *Denn der Geist von George Stephenson*, materialisiert in seiner Schöpfung, der Dampflokomotive, *ist unsterblich...* Einen etwas spröderen Ansatz verfolgten die Autoren eines zehn Jahre früher auf der anderen Seite des »Eisernen Vorhangs« erschienenen Werkes mit dem Titel »Smoke gets in your lens« (der wohl mit der Titelzeile des Jerome Kern-Songs »Smoke gets in your eyes« spielt, welcher – natürlich – von einem Abschied handelt) in ihrem überaus sparsamen Vorwort:

»Die Photographien in diesem Buch vermitteln Impressionen einer faszinierenden Kunstform, der Dampflokomotive.«

Ein einziger Satz nur – und was für einer. Aber ist das nicht ein bisschen steil? Diese umständliche, laute, dreckige Ma-

Eine Schnellzuglok mit mannshohen feuerroten Rädern und großen Windleitblechen und eine diffus erleuchtete, himmelhohe Bahnhofshalle, mitten im Rauschen einer Großstadt: Ein Bild, das seit den Zeiten des Fotografen Carl Bellingrodt wohl nichts an Faszination eingebüßt hat. Diese Standardaufnahme des ehemaligen Dresdner Edel-Renners 01 2204-4 im 1915 eingeweihten Leipziger Hauptbahnhof, dazumal größter Kopfbahnhof Europas, vom 30. April 1980 verdanken wir einem großartigen Fotografen und nicht minder großartigen Menschen, dessen Name und Organisationstalent untrennbar mit den zahlreichen »Plandampf«Veranstaltungen vor allem der 1990er Jahre verbunden sind und der viel zu früh von uns gegangen ist: Dr. Uwe Knoblauch aus Braunschweig.

Foto: Dr. Uwe Knoblauch, Sammlung O. Bräuer

schine: Kunst? Nüchtern betrachtet: Die Dampfmaschine – auch und gerade die auf Rädern und Schienen – hat nicht nur Technikgeschichte geschrieben und Verkehrsgeschichte, sie war nicht nur maßgeblich daran beteiligt, Kontinente zu erschließen, sie hat – auch – in der Kulturgeschichte ihre Spuren hinterlassen, und die gehen weit hinaus über die Erinnerung an eine Spielzeuglokomotive, die auf dem Kinderzimmerteppich im Kreis schnurrt ... wer das etwas genauer hinterfragen möchte, der möge vielleicht zunächst bei »Wikipedia« den umfänglichen Eintrag zu den »Train Songs« studieren - und dann schauen, was das alles mit Wolfgang Schivelbuschs großartigem, im Jahre 1977 veröffentlichten Buch »Die Geschichte der Eisenbahnreise« zu tun haben könnte.

Denkt irgendwer tatsächlich über dergleichen nach, während er irgendwo auf den nächsten Zug, die nächste Aufnahme, wartet? Die Antwort findet sich – vielleicht – auf den folgenden Seiten, vielleicht jedoch entzieht sich der Geist von George Stephenson ja tatsächlich dem Versuch einer Erklärung durch den sterblichen Betrachter. Doch selbst wenn sich herausstellen sollte, dass es keine vernünftige Erklärung gibt, dann wäre das alles immer noch: schön. Und wir könnten einfach weitermachen. Denn: Die Anhängerschaft der Dampfmaschine zählt viele Köpfe – kluge und weniger kluge mögen darunter sein, alte und junge, große und kleine. Aber:
So viele Köpfe *können* einfach nicht irren.

In der »blauen Stunde« des 13. Oktober 1982 wartet die Nossener 50 3657-9 vor dem P 7774 Meißen – Leisnig, den sie hier bei seinem großzügigen Aufenthalt von 50 Minuten für die letzten 13 Kilometer erst übernommen hat, auf Ausfahrt. Nicht einmal ein Stativ ist vonnöten – die Kamera ruht auf dem Brückengeländer der – wie passend – Eisenbahnstraße.

Ein alltäglicher Anblick bei Pulsnitz – ist es wirklich so arg erklärungsbedürftig, wenn jemand stehenbleibt, um einem Zug hinterherzuschauen? Für alle, die es genauer wissen wollen: 52 8192-8 vor dem 60203 von Kamenz nach Arnsdorf am 21. Februar 1982.

Mit der Wiederaufnahme des Dampfbetriebes zwischen Nossen und Meißen war auch ein klassisches Sachsen-Motiv, die »sächsische Akropolis« in der Porzellanstadt Meißen, ein seit 1000 Jahren besiedelter Burgberg, plötzlich wieder von erheblichem Interesse: 50 1002-0 am 25. Juli 1982 hoch über der Elbe, dahinter der spätgotische Bau der Albrechtsburg.

Das Bw Kamenz war wohl das einzige der Deutschen Reichsbahn, das über einen definitiv nichtöffentlichen – Lokschuppen und Drehscheibe – sowie einen (halb-)öffentlichen – den Lokabstellplatz an der Ladestraße – Bereich verfügte. Der Blick Richtung Norden am Nachmittag des 25. April 1981 erfasst nicht weniger als drei betriebsbereite 52er, vier stehen derweil kalt abgestellt rechts vom Fotografen an der Ladestraße, weitere sechs oder sieben oder acht (der Lokleiter würde es wohl nicht verraten, denn das ist alles streng geheim) sind gerade unterwegs zwischen Elsterwerda, Hohenbocka und Senftenberg im Norden und Dresden und Arnsdorf im Süden.

Mit dem Ende der DDR (und durch die Einschränkung des Braunkohleabbaus) gerade erst dem Schicksal der Stilllegung entronnen, zogen wenige Jahre später schon wieder dunkle Wolken über der Zittauer Schmalspurbahn auf: Für die neue große »Deutsche Bahn« war sie – wie alle anderen Schmalspurbahnen auch – zu klein: ein hochspezialisierter, personal- und wartungsintensiver Betrieb. Die Lösung schien in der Privatisierung zu liegen – mit ungewissem Ausgang. Wann, wenn nicht jetzt, sollte man die alten Vorurteile (»zu kleine Räder, zu dicker Kessel«) über Bord werfen und in den äußersten östlichen Winkel Sachsens aufbrechen? Am Morgen des 23. Januar 1992 zerrt 099 727-0 (die Umnummerung auch der Schmalspurloks, deren Zeit in der Regie der DB AG ja ohnehin in Kürze ablaufen würde, zum 1.1. 1992 sorgte seinerzeit vielerorts für verständnisloses Kopfschütteln) kurz nach Sonnenaufgang P 14174 aus Bertsdorf heraus in Richtung Jonsdorf – und klingt dabei »wie eine Große«. Inzwischen ist die Lok wieder als 99 1747-7 bei der SDG im Einsatz, und 30 Jahre später fahren die Zittauer – nunmehr als SOEG – immer noch. Chapeau!

Von Leipzig nach Riesa – Faszination

In dem Landstrich, der heute wieder offiziell »Sachsen« heißt, gab es selbst gegen Ende des 20. Jahrhunderts noch eine nicht nur für die DDR, sondern auch im europäischen Maßstab, nachgerade außergewöhnliche Vielfalt an Dampflokeinsätzen sowohl im Regel- als auch im Schmalspurbereich. Waren auch die Dresdner 01er ebenso wie die Görlitzer und Leipziger 03er Ende der 70er Jahre abgestellt worden: Östlich von Dresden – ja selbst in Dresden – waren immer noch 52er (rekonstruierte wie »originale«) vor allem im Güterzugdienst zu sehen. Wollte man dagegen lieber 50er fotografieren, musste man sich nur ein paar Kilometer Richtung Westen wenden. Dazu die Schmalspurbahnen mit täglich 100 Prozent Dampf im Reise- ebenso wie im Güterverkehr, im Flachland und im Gebirge, ergänzt durch ausgesprochene »Raritäten« wie bis Anfang 1981 die Reko-58er in Glauchau oder die ab 1982 wieder aktiven Einzelstücke der Baureihen 35 und 86. Die mit Abstand »vornehmsten« Gäste auf sächsischem Boden aber waren Anfang der 80er Jahre ohne Zweifel die Saalfelder 01er – wer ein Faible für die gnadenlos elegante »Pazifik-«Achsanordnung hatte, der musste schon damals lange suchen und – so er denn konnte – weit, weit reisen: Fündig wurde man am Übergang von den 70er in die 80er Jahre des verflossenen Jahrhunderts (abgesehen von der Dresdner Parkeisenbahn, die damals »Pioniereisenbahn« hieß) allenfalls noch in Südafrika (auf Kapspur) und in China und Indien (auf Breitspur), denn die Dampftraktion war nunmehr weltweit als Auslaufmodell klassifiziert und schleppte, wo sie noch vorkam, weit überwiegend schwere Lasten über zunehmend kürzere Strecken. Dafür waren vier bzw. fünf gekuppelte Achsen definitiv die bessere Lösung. Mehr Dampf als in der DDR gab es zu jener Zeit in Europa nur im zunehmend schwieriger zu bereisenden Nachbarland Polen, dessen Staatsbahnen PKP zum 1. Januar 1980 zwar noch knapp 2.500 normalspurige Dampfloks (also mehr als das Dreifache des Reichsbahn – Bestandes) »in den Büchern« führten – jedoch war darunter nicht eine einzige Pazifik. Gleich vier dieser Schmuckstücke hingegen (im Messeverkehr waren es für eine Woche im Frühjahr und im Herbst sogar fünf) tauchten täglich planmäßig in Leipzig auf. An dieser Stelle sei ein ketzerischer Gedanke eingeflochten: Die sächsischen Dampflokfotografen waren in der DDR quasi per Gesetz »eingesperrt« (polnische Pt47 waren etliche Jahre lang unerreichbar, von jugoslawischen 33ern nicht zu reden), aber sie waren eingesperrt zusammen mit den elegantesten Schnellzugloks Europas – konnte das als eine Art Entschädigung betrachtet werden, kann/darf man das so sehen, liegt die Antwort auf diese Frage tatsächlich im Auge des Betrachters?

Die erste Pazifik kam um 9.33 Uhr mit dem P 3020 aus Saalfeld an, der dort schon um 5.19 Uhr abgefahren war, und trat gegen 11.30 Uhr mit dem P 3023 die Rückreise an, die wiederum vier Stunden dauern sollte. Die zweite Maschine kam buchstäblich »im Windschatten« des 3020 in den Hauptbahnhof gerauscht – mit dem E 800, der kaum fünf Minuten nach dem Personenzug anzukommen hatte. Sie trödelte mittags mit dem P 3025 nach Thüringen zurück – mehr als fünf Stunden für 140 Kilometer, »gekrönt« von einem einstündigen Aufenthalt in Gera, dem wohl allenfalls das Zugpersonal bei ein, zwei Tassen Kaffee etwas abgewinnen konnte. Ebenfalls mittags traf E 802 aus der »Spielzeugstadt« Sonneberg in der Messestadt ein, den die Saalfelder jahrelang in Saalfeld von Probstzellaer 95ern übernommen hatten. Rückleistung für diese Lok war gegen 16 Uhr der E 805, wiederum mit Ziel Sonneberg. Und während dieser Zug im Bereich der heute nicht mehr existenten Bahnsteige schon bereitstand, rollte an Werktagen der P 7337 aus Halle herein. Dessen Lok hatte die »große Runde« hinter sich: Vormittags mit dem D 504 Saalfeld – Berlin in knapp zwei Stunden entlang der Saale bis ins 132 Kilometer entfernte Halle (Camburg, wo seinerzeit in der Regel von Dampf- auf E-Lok gewechselt wurde, wurde ohne Halt durchfahren), dann ebendiesen Personenzug (der ein »beschleunigter« war und zwischen den beiden Städten nirgendwo hielt), und heimwärts ging es über Gera mit dem E 807. Dass unter den Loks zeitweise auch zwei »alte Dresdner« waren – 01 2118-6 und 01 2204-4 – machte einen Sonntagsausflug nach Leipzig für einen Dresdner umso interessanter. Vom Frühjahr 1980 bis zum Frühjahr 1981 war die Auswahl besonders groß: Man konnte an einem einzigen Tag »großohrige«, »Öler« und auch die eine oder andere »Kohle-Reko« aus dem ehemaligen Berliner Bestand (die eigentlich auch alle schon seit Herbst 1979 »abgeschrieben« gewesen waren) bestaunen. Nun war es keineswegs so, dass nur ein paar kamerabehängte und eher sozial randständige Individuen sich für diese Renner interessiert hätten – nein, sie erregten durchaus auch beim »normalen« Publikum ein gewisses Aufsehen, obwohl die Dampflokomotive in vielen Landesteilen noch zum Alltag gehörte: Definitiv groß genug, um aufzufallen, die »Rekos« mit der Verkleidung der Kesselaufbauten auch »anders« genug, um nicht komplett als »von gestern« wahrgenommen zu werden – allein das leicht bedrohlich wirkende Grundgeräusch des Ölbrenners verschaffte wohl auch ein Quantum Respekt ... Versuchte man in der Halle, bei einem eben angekommenen Zug zu einem Bild zu kommen, brauchte es Geduld, denn immer wieder gab es Leute (meist in der Konfiguration »großer Mann/kleiner Mann« – also: Vater/Sohn respektive Großvater/Enkel), die zielstrebig auf diese übermannshohen Räder zusteuerten und dort dann in eine Form der Andacht versanken, zu der wohl nur Männer fähig sind. Aber manchmal kommt es anders: Der Zug ist zum Stehen gekommen, der Strom der Reisenden fließt träge zwischen der Lok und mir dahin ... ich habe das Stativ aufgebaut und in Gedanken »zünde ich mir eine an« – das kann jetzt dauern, hoffentlich bleibt der Zug so lange stehen. Da tritt eine Frau – ach was: eine Dame! – neben mich: Groß, schlank, außerordentlich angenehme Erscheinung, Pelzmantel – deutlich älter als ich, sie könnte gut meine Mutter sein. Und ihr Gesicht und ihre Stimme sind vollkommen frei von Ironie, als sie fragt: »Sagen Sie mal, junger Mann – wenn sie hier diese Lokomotive fotografieren .... dann können Sie mir sicher auch sagen, aus welchem Jahrhundert die ist?«

Die Beziehung der Stadt Zeitz zum Sächsischen ist eher historisch denn gegenwärtig – sie reicht zurück in kursächsische Zeiten –, aber Zeitz war auch eine Einsatzstelle des Bw Leipzig West und setzte Mitte der 80er Jahre zeitweise wieder eine 52er ein. Diese fuhr vormittags einen Nahgüterzug nach Deuben, wo dem Fotografen kurz nach seinem Eintreffen am 8. April 1985 eine persönliche Begrüßung durch einen Eisenbahner mit sehr goldenen Schulterstücken und ausgesprochen würdevollem Auftreten zuteilwurde – der Leiter des Bahnhofs persönlich wollte sich davon überzeugen, dass es hier im Angesicht strategisch höchst sensibler Produktionsstätten (Kohle, natürlich – minderwertige, höchstwahrscheinlich) nicht um Spionage ging. Ein Studentenausweis der Hochschule für Verkehrswesen »Friedrich List« zu Dresden vermochte ihn hinreichend zu besänftigen. Dabei war die aschfarbene Kiste nur als »Beifang« gedacht – das eigentliche Ziel dieses Ausflugs, die Göschwitzer 41er mit dem damals sehr populären »Zwiebelzug« 58310 von Gera nach Naumburg, ward an jenem Tag leider nicht gesehen.

Im Februar 1981 ging, nach kaum einem Jahr, die Zeit der kohlegefeuerten 01er in Saalfeld schon wieder zu Ende: Die Schockwellen der zunehmenden wirtschaftlichen und politischen Instabilität in Polen (die letztlich dann zur Ausrufung des Kriegsrechts im Dezember 1981 führten) hatten – über unsichere bzw. ausbleibende Steinkohlelieferungen – natürlich auch den RGW-Partner DDR erreicht, und so dürfte man in jenen Tagen in der Saalfelder Lokleitung aus dem Haareraufen nicht mehr herausgekommen sein:

Keine Kohle, kein Dampf. Adäquate Dieselloks waren kurzfristig nicht verfügbar – und so blieb keine Wahl, als wieder Öl, das man eigentlich auch nicht hatte, zu verbrennen und die abgestellten »Öler« nochmals in Betrieb zu nehmen, und zwar offensichtlich über Nacht: Am Morgen des 14. Februar 1981 trafen sowohl 01 0517-1 (links/E 800) als auch 01 0524-7 (rechts, beim Bespannen des P 3023) mit unvollständiger Beschilderung in Leipzig ein – für damalige Verhältnisse ein unerhörter Vorgang, und der Fotograf hat sich zunächst gehörig geärgert.

Vier Wochen später, am 15. März 1981, fuhr man wieder gattungsrein – notiert wurden die »Öler« 0520, 0522 (vor dem Messesonderzug), 0524 und 0534. Allerdings gibt es keinen Eintrag zur Lok vom P 6086 (sonntags statt P 3020) zum P 3023 – diese »Tour« fuhr wohl an jenem Tag mit Diesel ... ein Vorgeschmack auf das, was bald Alltag sein würde.

Links: Denn zwei 01er nebeneinander, das würde es nicht mehr allzu oft geben – 01 0520-5 vor dem E 807 und 01 0522-1 vor dem etwas schüchtern als P 29701 bezeichneten Messesonderzug mit Ziel Saalfeld, der neben den klassischen Schnellzughalten (Weißenfels, Naumburg, Jena Saalbahnhof, Rudolstadt) auch Camburg und selbst Kahla »mitnahm« und dafür zwei Stunden und 23 Minuten Zeit hatte.

Rechts: Der Lichteinfall verbirgt gnädig, dass 01 0534-0 – vor dem E 805 – schon etwas »aufgeraut« aussieht. Aber sie wird – o Wunder – wenige Wochen später sogar noch einmal eine L5 erhalten, denn bis Herbst 1981 werden einige 01er noch gebraucht werden.

Von den vier Saalfelder 01, die üblicherweise täglich nach Leipzig kamen, waren im Herbst 1981 nur noch zwei übrig. Lokführer Torsten Iwen aus Eberswalde war am Morgen des 11. September 1981 zur richtigen Zeit am richtigen Ort und fotografierte 01 0513-0 neben der heute noch existenten 01 0531-2. Und was für ein Zufall: die Rauchkammertür der »13« ziert heute die »31«.

Foto: Torsten Iwen, Sammlung O. Bräuer

Da steht sie – und der Betrachter legt die Kamera zur Seite und hält kurz inne ... eine Handvoll gründlich angejahrter Dampfmaschinen vermochte seinerzeit in einem Zeitfenster von kaum zwölf Monaten eine kleine Völkerwanderung quer durch den »Eisernen Vorhang« auszulösen: Briten, Franzosen, Schweizer, Japaner, wohl überwiegend Männer seriöser Professionen (denn es gab eine Zeit, da musste man sich das Reisen tatsächlich auch leisten können) – sie alle machten sich auf den Weg, überquerten eine der am besten gesicherten Grenzen der Welt, nahmen Einreiseschikanen, Meldeschikanen, Ausreiseschikanen und Bespitzelung in Kauf, zahlten vermutlich gnadenlos überhöhte Preise für Hotels, die sie sich nicht einmal selbst aussuchen konnten und mussten sich dann vor Ort womöglich auch noch mit uniformierten Bedenkenträgern wegen irgendwelcher »Fotografierverbote« herumstreiten. Das alles tatsächlich für ein Bild wie dieses? Man kann darüber den Kopf schütteln – man muss aber nicht: 01 2118-6 vor dem E 805 am 14. Februar 1981, wenige Tage vor ihrer Abstellung.

Das Wegbleiben der 01er ab Herbst 1981 bedeutete (noch) nicht das Ende des Dampfbetriebes in und um (den bereits seit Jahren umfassend elektrifizierten Bahnknoten) Leipzig: Eine Handvoll Engelsdorfer 52er fuhr ab Sommer 1982 wieder mit Nahgüterzügen Richtung Trebsen/Grimma/Großbothen und Eilenburg, auch der eine oder andere Schotterzug (mit allen Unwägbarkeiten, die der Baustoff-Ganzzugverkehr mit sich brachte) stand auf dem Programm.

Am Morgen des 22. Juli 1986 konnten in Altenhain binnen einer Viertelstunde beobachtet werden: 52 8028-4 vor dem 65621 nach Trebsen (links), gefolgt von der mit einem Ring am Kamin verzierten 52 8077-1, vermutlich mit dem 57650 von Seelingstädt (rechts). Beim Fahren »rund um den Kirchturm« kaum anders zu erwarten: Die Hälfte der Leistungen musste Tender voran erbracht werden, denn eine »auswärtige« Wendemöglichkeit gab es nur in Eilenburg. Apropos Eilenburg:

Einmal am Tage, früh am Morgen, tauchte nun auch in Wurzen wieder eine Dampflok auf – und zwar über die seit Sommer 1978 nur noch dem Güterverkehr dienende Verbindung von Eilenburg. Die Eilenburger Planlok (gestellt vom Bw Falkenberg) fuhr in der Tagschicht nach Wurzen, in der Nachtschicht nach Falkenberg. 52 8063-1 am 19. Mai 1985 in ländlicher Idylle auf dem Weg nach Eilenburg. Ein Platz in diesem Packwagen wäre heutzutage wohl vergnügungssteuerpflichtig?

Das Diesel-Groß-Bw Falkenberg, der Rbd Halle zugehörig, war ab 1983/84 für wenige Jahre noch einmal ein »Hotspot« des Dampflokeinsatzes im weiten, flachen Land zwischen Leipzig, Cottbus und Berlin. Bis zu acht Planloks schwärmten täglich aus in Richtung Eilenburg/Wurzen, Jüterbog und Mühlberg/Röderau/Riesa. Torgauer Personale besetzten zwei davon, die hauptsächlich Eilenburg anliefen, wie hier 52 8105-0 am 19. Mai 1985.

52 8105-0

Was ist besser als eine 52er? Zwei 52er.
Mittagsruhe in Eilenburg am 19. Mai 1985.

Über sieben Brücken ... so oft quert die Eisenbahn die Elbe in Sachsen: in Bad Schandau (seit 1877), in Pirna (seit 1875), in Dresden (seit 1852), in Niederwartha (seit 1875), in Meißen (seit 1868), in Riesa (seit 1839) und in Torgau (seit 1872). Als die Falkenberger 52 8039-1 am 15. Juli 1986 um die Mittagszeit mit dem Eilenburger »Nahgüter« dort den Fluss überquerte, war das Ende des Dampfbetriebes zumindest im Torgauer Umlauf nur noch eine Frage von Wochen. Die altersschwache Brücke, deren Ruinen am 25. April 1945 den Hintergrund eines weltberühmten Fotos aus den letzten Kriegstagen bildeten, als dort die Soldaten der Roten Armee mit denen der US-Armee zusammentrafen, musste zehn Jahre später schließlich einem Neubau weichen.

Von Torgau ist es nicht weit nach Oschatz: Am Morgen des 30. September 1985 ächzt die zu diesem Zeitpunkt bereits über 60 Jahre alte 99 1608-1, jüngste ihrer »Familie«, mit schwerer Last durch Altoschatz Richtung Mügeln. Dort wurde ein in jeder Hinsicht bemerkenswerter schmalspuriger (Rest-)betrieb rund um Europas ehedem größten Schmalspurbahnhof geboten, der Mittelpunkt eines einst bis nach Strehla (im Norden), Neichen (im Westen) und Döbeln (im Süden) reichenden Streckennetzes war.

Der Reiseverkehr war zwar schon bis 1975 eingestellt worden und das Bahnbetriebswerk gehörte seit 1966 als Außenstelle zum Bw Nossen, aber immer noch waren täglich vier der antiquierten sächsischen IV K im Einsatz, und selbst die archaische Heberlein-Bremstechnik war hier noch bis Mitte der 80er Jahre in Gebrauch. Die Zuglasten forderten die gerade einmal 200 PS »starken« Maschinchen ordentlich; Zugverfolgungen waren – mit ein wenig Einsatz – mit dem Fahrrad machbar.

Die beiden IV K 99 1542-2 und 99 1574-5 in Oschatz am 30. September 1985: Zur Überwindung der kurzen, aber heftigen Steigung in der Bahnhofseinfahrt fuhr die Oschatzer Rangierlok (die mit dem ersten Zug des Tages aus Mügeln überführt wurde und mit dem letzten nachmittags wieder zurückkehrte) bei Bedarf den vor dem Einfahrsignal haltenden Zügen entgegen und spannte dort für die – nicht selten spektakuläre – Einfahrt vor.

Ein Blick in die Einsatzstelle Mügeln am Nachmittag des 5. September 1981 nach dem Eintreffen des »Feierabendzuges« aus Oschatz. Wenn alle Loks versorgt und untergestellt sind, werden gegen 17 Uhr die Schuppentore bis zum nächsten Morgen geschlossen – hier leistete man sich eine großzügige Dienstruhe. Sowohl 99 1564-6 als auch 99 1542-2 (zum Zeitpunkt der Aufnahme 70 bzw. 80 Jahre alt und damit zu den ältesten seinerzeit auf dem Kontinent planmäßig eingesetzten Eisenbahnfahrzeugen zählend) existieren auch im 21. Jahrhundert noch – letztere sogar betriebsfähig.

Mehr noch: Das Mügelner Heizhaus, heute Hauptquartier der Döllnitzbahn, beherbergt auch im 21. Jahrhundert noch mehrere »Viere Kah«, und zwar 99 1561-2, 99 1574-5 und 99 1584-4. Dass die Loks dieses buchstäblich biblische Alter erreichen konnten, verdanken sie (und ihre Fans) zweifellos auch den in den 1960er Jahren durchgeführten Generalreparaturen, bei denen sie zunächst neue Kessel und später sogar neue Rahmen, Drehgestelle und Zylinder erhielten.

Thalheim, 24. Februar 1990: Wie seit Jahrzehnten, so rumpelt der morgendliche Güterzug nach Mügeln durchs Dorf. Was man nicht sieht: Das Land um die Bahn herum löst sich wie in Zeitlupe auf, und in der Kamera liegt ein »aus dem Westen« organisierter Film der Marke »Fuji«, der heute zeigen soll, »was er draufhat«. Um das herauszufinden, kann das Licht gar nicht »verquer« genug sein.

Wenn es noch eines Beweises für die Genialität des Systems »Rad/Schiene« bedurft hätte, dann sei diese Szene angeführt: 99 1562-0 unterwegs zwischen Naundorf und Schweta unter dem weißlichen Himmel eines Sommertages im Jahre 1984. Das Gleisbett ist buchstäblich Teil des Biotops und 200 Pferdestärken genügen, um diese »Leine« an Frachten und Leerwagen zu bewegen – nicht schnell, aber stetig. Man muss weder Ökologe noch Verkehrswissenschaftler sein, um entsetzt zu sein angesichts der nachgerade grotesken Übermotorisierung von Kraftfahrzeugen für den privaten Gebrauch am Anfang des 21. Jahrhunderts.

Es mag Zeiten gegeben haben, da blieben die Leute wohl auf der Straße stehen, wenn eine mit vergoldeten Ornamenten versehene, von vier Rappen gezogene »Kalesche« durch die Straßen von Oschatz rumpelte. Was hätten diese Zeitgenossen wohl erst angesichts dieses räuchernden, fauchenden, wild bimmelnden und pfeifenden »Fuhrwerks« gedacht und getan?
Schwer zu glauben, dass man mit einer Rostfläche von kaum einem Quadratmeter ein solches Höllenfeuer, eine solche Eruption überhaupt erzeugen kann – aber die Dampfmaschine ist eben auch eine Theatermaschine: 90 Prozent der Energie, die man ihr (in Erwartung einer Leistung) zuführt, zweigt sie für sich selbst ab, verschwendet sie und wandelt sie um in – Schall und Rauch. 99 1574-5 und 1584-4 in Thalheim am strahlenden 16. Mai 1989: So pompös fuhren die Mügelner nach Hause!

99 1584 4

In Riesa hatte man sich – Zufall oder nicht – auf die Herstellung von Dingen verlegt, deren äußeres Erscheinungsbild eher rundlich und vorwiegend länglich war: Streichhölzer, Stahlrohre und Nudeln. Vor der Kulisse des Stahl- und Walzwerkes »sägt« 50 3536-5 am Nachmittag des 4.Oktober 1982 nach der Ankunft des Nahgüterzuges aus Nossen vom Güterbahnhof ins Bw. Ein Nachtdienst führte die Nossener Loks sogar bis in die Reichsbahndirektion Cottbus nach Elsterwerda.

Riesa, Industriestadt und Bahnknoten an der Elbe, halbwegs zwischen Leipzig und Dresden gelegen, war schon seit 1970 Bestandteil des elektrischen Netzes der Deutschen Reichsbahn und setzte seitdem auch etliche 242er im Personen- und Güterzugdienst ein. Dennoch gab es im hiesigen Bahnbetriebswerk bis Frühjahr 1979 noch eine Handvoll aktiver Dampflokomotiven der Baureihe 58.30, die aber eher von Döbeln aus fuhren. Nichtsdestotrotz konnte man auch danach noch (und ab 1981/82 wieder verstärkt) »Dampf« in Riesa beobachten: 52er aus Falkenberg (überwiegend nachts), 52er aus Elsterwerda (auch vor Personenzügen) und natürlich die 50er aus dem Herzen Sachsens: aus Nossen (von wo es tatsächlich nur ein Marsch von reichlich 20 Kilometern bis zum geographischen Mittelpunkt Sachsens im Tharandter Wald ist).

»Feierabendzug« war der P 3940 von Elsterwerda-Biehla nach Nossen, der in Riesa am Hausbahnsteig einen (sehr fotogenen) Aufenthalt von 15 Minuten hatte, welcher die Reisezeit für die knapp 60 Kilometer letztlich auf zwei Stunden erhöhte. Der Bahnsteig ist »lang wie eine Arbeitswoche«, aber gehalten wird genau vor dem Übergang, denn dort verläuft der Arbeitsweg von »Rotkäppchen«, der Aufsicht – und da steht 50 3536-5 am 11. Februar 1982.

Das Bahnbetriebswerk Riesa, dessen bauliche Anlagen Anfang des 21. Jahrhunderts weitgehend dem Erdboden gleich gemacht wurden, lag im Gleisdreieck zwischen Güter- (links) und Personenbahnhof (rechts). Beim Warten auf der Brücke konnte es vorkommen, dass man von beflissenen Bürgern »angequatscht« wurde, wenn man zu früh die Kamera sehen ließ. Am Nachmittag des 12. August 1982 bespannte 50 3529-0 den P 15771 nach Nossen.

Blick in die andere Richtung: Am 2. Oktober 1983 rollt die Nossener 35 1113-6, gerade einmal 24 Jahre alt – also fast »nagelneu« – und doch schon »Traditionslok«, mit dem mittäglichen P 15768 herein. Wenig später soll sie hier den E 944 Dresden – Magdeburg (der über Falkenberg – Wittenberg verkehrte) übernehmen. Es ist Sonntag, deshalb ist die 35er solo am Zug. An einem Freitag wäre noch eine 50er mitgelaufen, die den vorstehend gezeigten Personenzug nach Nossen zurückzubringen hatte.

Sonntag, der 13. November 1983: Am östlichen Bahnhofskopf von Riesa, vor der Kulisse der gewaltigen Elbbrücke, wartet die Elsterwerdaer 52 8020-1 auf die Bespannung des P 3946 nach Elsterwerda. Aber das ist noch nicht alles, denn da kommt auch noch 35 1113-6, die neue Zuglok des E 944! Mit dem Einsatz dieses Schmuckstückes sollte – so hieß es – »volkswirtschaftlich wertvoller« Dieselkraftstoff eingespart werden.

Dass es obendrein ein Heidenspaß gewesen sein könnte, diesen handlichen Renner mit 100 »Sachen« über die Dörfer zu jagen, mag auf einem anderen Blatt gestanden haben: Laut Kursbuch Winter 1982/83 sollten die 32 Kilometer von Riesa bis Falkenberg mit dem E 944 in 16 (!) Minuten »heruntergerissen« werden (man denke an dieser Stelle kurz an die - bis heute unveränderte! - Gleisgeometrie im Bereich Abzweig Ra - Röderau, und dann schüttle man ungläubig den Kopf), und für die 90 Kilometer von Dessau bis Falkenberg waren für E 947 - bei immerhin fünf Halten - 80 Minuten veranschlagt.

Die Elbbrücke von der anderen Seite: Der nur freitags und sonntags verkehrende E 944 verlässt Riesa am 15. Oktober 1982. Die Lok sollte – mit Unterbrechungen – für gut zwei Jahre bis in den Winter 1984/85 hinein in diesem Plan beschäftigt sein. Für eine »Runde« Nossen – Riesa – Dessau – Riesa – Nossen addierten sich dabei binnen zwölf Stunden stolze 300 Kilometer auf.

Die Rückleistung E 947 verließ Dessau erst nach 19 Uhr und war damit einen guten Teil des Jahres »nicht machbar« ... es sei denn: Bei Ankunft des Zuges muss das Stativ schon an der richtigen Stelle stehen – die Zeit, die der Heizer zum Absteigen und Loshängen braucht, hat der Fotograf sicher. Wenn sich der Stellwerker mit den »zwei Hellen« (die zwei weißen Lichter des Signals »Ra12«, die eine Rangierfahrt zulassen) für die Fahrt auf die andere Bahnhofsseite Zeit lassen sollte, dann ist noch eine zweite (Sicherheits-) Aufnahme drin – aber nur vielleicht. Riesa, am 3. Oktober 1982. Auf den Tag genau acht Jahre später würde die Geschichte einen aberwitzigen Salto schlagen.

In ihren letzten Jahren fuhren die Elsterwerdaer 52er alles, was anfiel: Zum Beispiel morgens mit dem P 3943 nach Riesa, sodann unter Fahrdraht eine Übergabe ins benachbarte Weißig (zum heute noch existierenden Chemiewerk Nünchritz), und am frühen Nachmittag mit dem P 3946 retour nach Elsterwerda. Am 10. Juli 1983 war 52 8009-4, die allererste Reko-52 der Rbd Cottbus, für diese Tour eingeteilt.

Links: Bei der Einfahrt in den Haltepunkt Zeithain, heftig leuchtend im grellen Morgenlicht.
Rechts: Mit einer wirklich typischen »Chemie-Fuhre« bei der Rückkehr aus Weißig auf dem langen Damm zwischen dem Abzweig Ra und der Riesaer Elbbrücke.

Bemerkenswert sind die gleich zwei Säuretopfwagen im Zugverband – es dürfte sich um eine der letzten großtechnischen Anwendungen des tausende Jahre alten und bewährten Prinzips der Amphore handeln, das letztlich zusammen mit der DDR im Rauschen der Geschichte unterging.

Von der Mulde ins Erzgebirge – Revision

Eigentlich hätte es das letzte Jahrzehnt Normalspurdampf in Sachsen in dieser Form gar nicht geben dürfen. Die Partei, die immer einen Plan hatte, hatte dem Land zunächst das Ziel vorgegeben, bis etwa 1980 die Dampflokomotive als Relikt des Gestern aus der sozialistischen (Eisenbahn-) Welt zu schaffen. Ausgenommen hiervon war ein großer Teil der immer noch zahlreichen öffentlichen Schmalspurbahnen der DDR (wo man auf den drei verschiedenen Spurweiten 750, 900 und 1000 Millimeter täglich mit Dampf unterwegs war), die durch Beschlüsse des »Ministeriums für Verkehrswesen der Deutschen Demokratischen Republik« aus den 70er Jahren einerseits musealen Status als »Traditionsbahn« zuerkannt bekommen hatten (und damit nicht mehr akut von Stilllegung bedroht waren), andererseits aber auch modernisiert werden sollten. Die Ziele im Normalspurbereich wurden jedoch aus verschiedenen Gründen nicht erreicht, und die neue Direktive lautete: Nach 1980 nur noch Einsatz der leistungsfähigeren und effektiveren ölgefeuerten Loks, dann etwa 1984/85 auch dort »Feuer aus«. Damit konnte man als Dampflokfotograf einstweilen leben (eine Sorge, die zugegebenermaßen die wenigsten DDR-Bürger teilten): Die Wege würden sich verlängern, aber wer einmal die Prozession der 44er und 50er erlebt hatte, die Angermünde im Laufe eines Nachmittags mit schweren Güterzügen Richtung Berlin verließen oder wer einen Tag bei Riestedt in den Wiesen gelegen hatte, wo ein ordentlicher Zug mit Dampf gezogen und geschoben wurde, der wusste: Diese Wege würden sich lohnen. Dachte jemand ernsthaft an das »Danach«? Und wenn – sie alle hätten sich geirrt. Denn Prognosen waren und sind schwierig, sofern sie die Zukunft betreffen.

Die Verantwortlichen hatten schlicht ihren Brecht (und, wie wir inzwischen wissen, auch anderes) nicht bis zum Ende gelesen: Jener, wiewohl dem Sozialismus durchaus nicht abgeneigt, war als Theatermann natürlich in erster Linie Menschenforscher und gerade deshalb eben auch ein Zweifler vor dem Herrn. Wie anders hätten ansonsten die folgenden Zeilen zustandegekommen sein können: »Ja, mach nur einen Plan! - Sei nur ein großes Licht! - Und mach dann noch 'nen zweiten Plan - Gehn tun sie beide nicht.«

Mit der Ölkrise Anfang der 80er Jahre und den sich aufschaukelnden politischen Turbulenzen in Polen war die DDR genau in dieser Situation: Öl, das man nicht mehr bezahlen konnte, ersetzen zu müssen durch Kohle, die man nicht hatte. Die Folge war das rasante Ende der ölgefeuerten Dampfloks bis Ende 1981 und der (man kann es wohl nur so nennen) bisweilen krampfhafte Versuch, in abenteuerlich erscheinenden Lokomotiv-Rochaden einerseits (ölgefeuerte) Dampfloks durch Dieselloks und/oder (kohlegefeuerte) Dampfloks und andererseits Dieselloks durch (kohlegefeuerte) Dampfloks zu ersetzen – landauf, landab. Was aber konnte man in Sachsen, in der Reichsbahndirektion Dresden, tun, wo mit dem »Sächsischen Dreieck« Dresden – Leipzig/Halle – Zwickau/Glauchau/Karl-Marx-Stadt die am stärksten belasteten Strecken ohnehin bereits seit längerer Zeit elektrifiziert waren?

Die Lösung, die man fand, war nicht direkt Werbung für die Überlegenheit des sozialistischen Wirtschaftssystems, sie entsprach eher dem Weihnachtswunsch vieler kleiner Jungen: Sie war lang, schwarz und hatte riesige rote Räder. Und so wurde Anfang der 80er Jahre auf sächsischem Boden, in den Reichsbahndirektionen Dresden (im Regelspurbereich dampffrei seit Februar 1981) und Halle (aufgrund der weit fortgeschrittenen Elektrifizierung ohnehin Vorreiter bei der modernen Traktion) an einigen Orten die Uhr wieder um gut zehn Jahre zurückgestellt. Damit öffnete sich für eine kleine Schar von Überzeugungstätern in einem Land, aus dem inzwischen sehr, sehr viele Leute einfach nur noch wegwollten, plötzlich ein Zeitfenster, eine Tür zu einem Ort, an dem sie immer schon einmal gewesen sein wollten. Denn das von Karl-Marx-Stadt radial ausgehende Nahgüterzugnetz wurde wieder weitgehend an die Dampftraktion übergeben. Auf den (Neben-) Strecken nach Aue und Limbach-Oberfrohna (je eine Lok/ein Zugpaar), nach Annaberg-Buchholz, Pockau-Lengefeld und Hainichen/Berbersdorf (je eine Lok/zwei Zugpaare) und nach Döbeln (zwei Loks/drei Zugpaare) dampfte es fortan wieder täglich. An dieser Stelle sei daran erinnert, dass in der traditionsreichen Chemnitzer »Sächsischen Maschinenfabrik vormals Richard Hartmann«, ins Leben gerufen schon 1837, im Dampflokbau aktiv seit 1848, legendäre sächsische Lokomotiven wie die schmalspurige »Viere Kah« und ihre normalspurige Schwester, die »Kreuzspinne« (besser bekannt als Baureihe 98.0), der »Rollwagen« (die sächsische Gattung XII H2; später Baureihe 38.2-3) und die XIV HT (besser bekannt als sächsische Variante der Baureihe 75) auf die Schienen gestellt worden waren. Der Geist von George Stephenson, er war an eine seiner Heimstätten zurückgekehrt. Hinzu kamen diverse Güter- und selbst Personenzugleistungen auch innerhalb des sächsischen Dreiecks (vor allem entlang der Linie Meißen – Nossen – Döbeln – Großbothen) nebst einiger – nein, vieler – anderer Strecken (unter anderem von Zwickau nach Falkenstein und nach Aue/ Annaberg/Johanngeorgenstadt, von Glauchau nach St.Egidien/Oelsnitz und Rochlitz/Colditz).

Betrug der Anteil der (normalspurigen) Dampftraktion an der Zugförderung in der Rbd Dresden im Jahre 1981 noch gerade einmal 0,5 Prozent, so waren es im Jahre 1982 schon 2,3 Prozent – der höchste Wert wurde 1984 mit 3,1 Prozent erreicht. All diese Zahlen mögen mickrig erscheinen, aber ein Tag im Muldental oder rund um Nossen – am richtigen Ort zur richtigen Zeit – vermittelte ein völlig anderes Bild: Dampf »bis zum Abwinken«.

Neues Dampfzentrum war das Bahnbetriebswerk Karl-Marx-Stadt Hilbersdorf mit 20 Loks, mehrheitlich rekonstruierte 50er, die überwiegend aus der Rbd Magdeburg kamen und dort für die immer wieder ins Auge gefasste Ausweitung des Dampfbetriebes nicht (mehr) zur Verfügung standen. Keine Frage, der Mangel blieb der DDR bis zum bitteren Ende treu: Die (sozialistische) Decke, man konnte sie ziehen, wohin man wollte – sie war (und blieb) zu kurz.

Dazu kam dann noch eine Handvoll 52er im Leipziger Raum, die mit Kirchturmleistungen im Flachland allerdings nicht einen Bruchteil der Anziehungskraft auszu-

üben vermochten wie die Leistungen der 50er in den modellbahnhaften Landschaften rund um Nossen oder Rochlitz. Beide Baureihen, 50 wie 52, waren gleich lange im Einsatz – und auch länger als in anderen Teilen der DDR. Die letzte Engelsdorfer Planlok 52 8186-0 wurde am 28. Mai 1988 letztmalig nach Eilenburg geschickt, und in Glauchau wurde zwei Wochen später 50 3670-2 im Rahmen einer Veranstaltung zum Abschluss des Traktionswechsels, als letzte Dampflok der Rbd Dresden feierlich verabschiedet.

Döbeln, 4. Juni 1985: Der Fahrzeugpark, der die Nebenbahnen der Deutschen Reichsbahn seit Jahren schon am Laufen hielt, auf einen Blick. Die Baureihen 106 und 110 (zusammen waren das gut 2.000 Loks) und dazwischen die eine oder andere Dampflokomotive: 50er in der rekonstruierten Ausführung gab es im Jahr 1985 noch reichlich 100 Stück, denn in den Reichsbahndirektionen Magdeburg, Schwerin und Dresden kam man immer noch nicht ohne sie aus.

Der Leiter der Einsatzstelle Döbeln war anfangs wohl nicht recht glücklich über den ungebetenen Gast, der am 4. Juni 1985 frühmorgens in seinem Büro stand, denn dessen Ansinnen stattzugeben bedeutete, in leitender Position gleich gegen mehrere eherne Regeln zu verstoßen. Aber das Gespräch nahm trotzdem eine angenehme Wendung und er begleitete den Fotografen sogar treppab, wo – wie beabsichtigt, geplant und erhofft – die Döbelner 50 3690-0 neben der Nossener 50 3540-7 pausierte.
Ob er sich nicht doch gefragt hat, wieso ein Student an einem Werktag nicht in einem Hörsaal oder einer Bibliothek sitzt, sondern stattdessen mit Fotokoffer und Stativ durch Sachsen radelt, wird sich wohl nicht mehr klären lassen. Aber ohne Eisenbahner wie ihn, die eine Vorschrift eben auch mal Vorschrift sein ließen, ging es an gewissen Stellen einfach nicht – danke!

50 3540-7

Nach einem Blick auf den in Döbeln bereitstehenden abendlichen 62328 nach Großbothen war klar: Das wird interessant, denn »kein Bild« war keine ernsthafte Option. Es brauchte also ein Plätzchen mit dezentem Abstand zum Gleis in wenig begangenem Gelände, damit man tunlichst auch ungesehen wieder verschwinden konnte. Die Wahl fiel auf die Ausfahrt Westewitz-Hochweitzschen: die Döbelner Planlok 50 3659-5 mit »heißer Fracht« (vermutlich für die »Rote Armee« in Grimma) am 2. August 1982.

Für einen Teil der kaum 70 Kilometer langen Verbindung von Riesa über Döbeln nach Karl-Marx-Stadt hatte sich schon früh der Name »Bankrottmeile« eingebürgert, denn die Herausforderungen des schwierigen Terrains vor allem zwischen Limmritz und Waldheim hatten die Baukosten explodieren lassen. Als die Döbelner 50 3603-3 am 31. Juli 1982 mit dem 62335 nach Hilbersdorf einen der Waldheimer Tunnel verließ, sprach man schon von der Elektrifizierung der Strecke, die schließlich im Jahr 1991 auch das Verschwinden der Tunnel zur Folge hatte.

In und um Nossen kreuzten sich die Wege vieler Dampflokfotografen, und so kam es immer wieder vor, dass sich im Laufe des Tages spontane »Ost-West-Kooperationen« zusammenfanden: Der eine hatte das Fahrzeug, der andere meist die besseren Orts- und Fahrplankenntnisse. Die Aufnahmen auf dieser und der folgenden Doppelseite entstanden sämtlich am Nachmittag des 2. Juni 1982.

Vor dem mittäglichen Nahgüterzug 62335 von Döbeln nach Karl-Marx-Stadt Hilbersdorf war an jenem Tag zur Freude der Dampf-Reisenden eine der wenigen noch aktiven Altbau-50er, die ehemalige Nossener 50 2407-0, zu sehen.

Links: Rangieraufenthalt in Waldheim – rückblickend wäre wohl jeder einzelne dieser Bahndienstwagen ein Bild wert gewesen, aber: Vorbei ist vorbei.

Rechts: »Zugabe« in modellbahnhafter Idylle in Ottendorf.

Von Ottendorf sind es gerade einmal 20 Kilometer ins Striegistal nach Berbersdorf, wo am späten Nachmittag eine weitere Karl-Marx-Städter 50er unterwegs war. Höhepunkt des Tages: die Bedienung des Steinbruchs. Der Start von dort verlangte selbst von einer fünffach gekuppelten Lok noch eine fast explosive Kraftentfaltung. Planlok 50 3689-2 (heute noch bei der ÖGEG erhalten) machte – wie immer – einen hervorragenden Eindruck.

Und: Ja, es macht tatsächlich einen Unterschied, ob man nun mit einem »28er Diamant« aus Sangerhausen oder mit einem lässigen Cabrio (ein Peugeot 304 in dieser Ausführung war schon damals ein seltenes Stück) und Stereosound von Motiv zu Motiv bummelt. Da konnte »der Westen« durchaus eine Versuchung sein. In der Messe- und also per se Weltstadt Leipzig hätte man das wohl lediglich abgeklärt-nüchtern mit: »Da gammor nisch mäggorn«, kommentiert ...

Noch einmal der »Berbersdorfer«, wenige Wochen vor dem Ende des Dampflokeinsatzes: Ein klassischer Blick eröffnete sich nahe Hainichen auf die Kurve unterhalb des »Trompeterfelsens«. Am Morgen des 5. Februar 1986 ist die mit Schneeräumer ausgerüstete 50 3644-7 mit dem 64359 nach Hilbersdorf unterwegs. Heute gibt es nördlich von Hainichen keine Eisenbahn mehr.

Auch die Einsatzstelle Pockau-Lengefeld (in deren Schuppen man die heute noch im Eisenbahnmuseum Schwarzenberg erhaltene 86 1049-5 als Heizlok hegte und pflegte) setzte wieder eine 50er ein: Am Nachmittag des 13. Mai 1982 legte sich die Planlok 50 3633-0 mit dem Nahgüterzug aus »Gormorgschdod«-Hilbersdorf in die letzte Kurve vor dem Heimatbahnhof.

50 3628-0

Ein halblegaler Blick ins Groß-Bw Karl-Marx-Stadt-Hilbersdorf am 14. April 1985: Der Bildausschnitt erfasst »nur« ein halbes Dutzend der anwesenden Lokomotiven der Baureihen 50 und 44. Doch der Schein trügt: Der Großteil der Loks ist kalt (bei einem Bestand von gut 20 Stück gab es einen erheblichen »Überhang«, der jedoch in der Heizperiode regelmäßig aktiviert wurde). Sonntagmittag könnten die Chancen für einen ungestörten Rundgang da unten nicht schlecht gewesen sein, aber die Begeisterung für bräunliche 50er mit Ersatz-Nummernschildern hielt sich seinerzeit in Grenzen, und so blieb es tatsächlich bei dieser Aufnahme.

Am 6. April 1980, ein Stück weiter westlich, stand diese Frage jedoch nicht: Es hatte sich herumgesprochen, dass man das Bw Glauchau, dazumal letzter Einsatzort einer sehr speziellen Konstruktion, unbeobachtet auf dem kürzesten Weg erreichen konnte, indem man im Bahnsteigtunnel nordwärts in die »falsche« Richtung geht. Dort gäbe es eine unscheinbare Pforte ... »Dienstweg« – ja, hier musste es sein. Das Panorama, das sich an diesem Sonntagmorgen dort auftat (wir vermerken 58 3024-5, 3030-2 und 3032-8), war schlicht unwiderstehlich. Aber dies ist kein offizieller Ort, und so suchte der beflissene »Jungspund« erst eine ganze Weile nach jemandem, den er um eine Art Zustimmung für ein paar Aufnahmen hätte bitten können – ohne Erfolg.

Langsam »dämmerte« dem Besucher des Bw Glauchau, dass die Abwesenheit entscheidungsbefugter Personen eben genau das war: eine überaus großzügige Zustimmung. Nach einem Viertelstündchen die Tasche wieder gepackt, zurück zur schmalen Treppe, warten. Denn herauf kommt gerade ein Eisenbahner – Ledermütze (ein paar Kilometer südlich sagt man »*Ladermitz*«), blauer Arbeitskittel, Zigarette, ein kleines Päckchen in der Hand. Der Lokleiter? Ein langer prüfender Blick auf den zottelhaarigen Jüngling mit der dicken schwarzen Tasche über der Schulter, wohl so eine Ahnung: »Wos mochst'n Duuu hier?«

Die Erklärung konnte nun kurz ausfallen, und sie war noch nicht einmal vollständig gelogen: »Nüscht – ich bin grad am Gehen ... « Zu jenem Zeitpunkt setzte das Bw Glauchau täglich noch fünf Exemplare dieser außergewöhnlichen »Drillinge« ein – wenige Wochen später wurden die Umläufe auf drei reduziert, und schon im folgenden Winter stellte man die allerletzte Maschine ab. Aber mehr war ohne Weitwinkel nicht drin: Ein Blick von der anderen Seite.

Anfang Juni veranstaltete der Bezirksvorstand Dresden des Deutsche Modelleisenbahn-Verband der DDR (DMV) traditionell eine meist ganztägige Dampflok-Sonderfahrt aus Anlass des »Tages des Eisenbahners«, einem eigenen Feiertag, mit dem die Eisenbahner seit 1952 in der DDR geehrt wurden.

Am unwirtlichen 8. Juni 1980 wurde dabei auch im kleinen Bw Glauchau Station gemacht, das bei dieser Gelegenheit für die Insassen des Zehn-Wagen-Zuges ausnahmsweise für ein Stündchen »zum Sturm freigegeben« war. An der Drehscheibe versammelt: Alles, was in Sachsen »Rang und Namen« hat(te).

Die Glauchauer 58er wurden also im Februar 1981 abgestellt und im März 1982 kamen die 50er. Und wie: »Volles Rohr« und trotzdem nur Schrittgeschwindigkeit, so tobt 50 3576-1 am 19. Oktober 1987 vor dem »zweiten Sand«, dem 56355 nach Glauchau, in der Einfahrt Wechselburg bergan.

Zehn Kilometer von hier wird der Zug einen unscheinbaren Haltepunkt passieren: Amerika, Amerika in Sachsen. Hat in der ebenso ironiefreien wie denkverbotsversessenen DDR tatsächlich nie jemand versucht, diesen Ort umzubenennen?

Nördlich von Rochlitz weitet sich das Tal der Zwickauer Mulde, bis zum Zusammentreffen mit der Freiberger Mulde (siehe auch Seiten 90/91) nahe Colditz ist es nicht mehr weit. Zwei Fahrräder lehnen an einem der Straßenbäume. Deren Besitzer waren um fünf Uhr in Meißen mit dem ersten Personenzug nach Leipzig gestartet, sie hatten sich um acht Uhr in Leisnig um den 62323 (mit einer Nossener 50er) »gekümmert« und waren dann »gegen die Uhr« (und gegen eine Handvoll übler Anstiege) Richtung Rochlitz gefahren, um dort nach dem 56353 zu schauen: die Glauchauer 50 3673-6 bei Penna am 5. Oktober 1986.

Die Sandzüge im Muldental waren ausgesprochen fotogen und auch der Frühling bot am 15. Mai 1982 bei Remse alles auf, was nicht nur einem Wanderer Freude bereiten konnte – die Farben brüllen buchstäblich mit den Vögeln um die Wette. Fehlte nur noch die Rochlitzer 50 3523-3 (die es aus dem gut gesicherten Oebisfelde nach Sachsen verschlagen hatte) mit dem 56353 aus Colditz.

Rochlitz, am 5. Oktober 1986: Zwei Loks mit großer Zukunft an einem Ort, an dem die Eisenbahn letztlich keine Zukunft hatte – der allerletzte Zug verließ den Bahnhof im Juni 2001. 50 3666-0 wurde im Jahre 1992 auf Ölhauptfeuerung umgebaut und ging später als 50 0073-2 (der Original-Reichsbahnbestand umfasste nur 72 Loks) in die Niederlande zur »Veluwsche Stoomtrein Matschappij« nach Beekbergen, dem »westlichsten Bw der Deutschen Reichsbahn«. Links angeschnitten die Heizlok 86 1333-3, die nach einem gut 20jährigen Gastspiel in Süddeutschland seit 2015 wieder im Erzgebirge unterwegs ist.

Hoch über Rochlitz thront, wie es sich für eine sächsisches Städtchen in einem Flusstal gehört, ein Schloss (dessen Ursprünge hier bis ins 10. Jahrhundert zurückreichen). Ganz nebenbei ein hervorragender Aussichtspunkt, als 50 3666-0 am Nachmittag des 5. Oktober 1986 mit dem 56355 in Richtung Glauchau aufbricht.

Aber auch aus der Ferne waren die beiden damals schon fast 600 Jahre alten Türme, die »Finstere Jupe« und die »Lichte Jupe«, nicht zu übersehen.

Am 4. Oktober 1987 hat 50 3551-4 mit dem 56353 Rochlitz gerade erst hinter sich gelassen. Wenige Wochen zuvor war sie noch im Bw Aue im Einsatz gewesen.

Von Aue aus wurden ab Sommer 1982 wieder bis zu drei 50er auf allen umliegenden Strecken überwiegend vor Güterzügen eingesetzt. Der »WISMUT-Blick« bei Schlema war ebenso begehrt wie heikel – auch und gerade, wenn man mit einem feuerroten »Westauto« unterwegs war. Denn bei allem, was mit Uran zu tun hatte, galt schon seinerzeit: *Da hört der Spaß auf!* 50 3616-5, die auch heute noch in Schwarzenberg im Erzgebirge zu Hause ist, vor dem Dg 54311 Zwickau – Aue am 25. Oktober 1985.

Für den nachmittäglichen Nahgüterzug 65355 von Aue nach Karl-Marx-Stadt Hilbersdorf war bei hinreichend Tonnage eine zweite 50er als Schiebelok bis Zwönitz vorgesehen. Am 25. Oktober 1985 war das leider nicht der Fall und 50 3698-3 arbeitete sich mit überschaubarer Last allein durch die Kehren bei Lößnitz, wo auf einer Streckenlänge von knapp 15 Kilometern bis Zwönitz 200 Meter Höhe gewonnen werden. Nur kurz blitzt die Sonne im Führerhausfenster auf. Hoch oben (über der Lok) kann man das Empfangsgebäude des oberen Bahnhofs von Lößnitz erkennen.

Der erneute planmäßige Einsatz der Baureihe 86 im Erzgebirge war die Sensation des Jahres 1982 – hatte doch die vielhundertfache Lieferung von Dieselloks vor allem der Baureihe 110 spätestens seit Mitte der 70er Jahre dafür gesorgt, dass auch leistungsstarke Tenderloks wie die vielseitigen 86er und die erst 20 Jahre alten 65er nicht mehr gebraucht wurden.

Gefahren wurde der Gesamtverkehr zwischen Schlettau und Crottendorf, ergänzt durch einen nachmittäglichen Ausflug nach Scheibenberg. Die Lok übernachtete in der (leider nicht mehr existenten) Einsatzstelle Annaberg-Buchholz Süd.

Während die tieferen Lagen Sachsens seit Tagen in zähem Nebel ersoffen, leuchtete 86 1001-6 am Nachmittag des 26. Oktober 1985 hoch oben in Schlettau mit dem Herbst um die Wette.

🚌 = Schienenersatzverkehr, Halt in Annaberg-Buchholz Mitte, Sehmatalplatz; Annaberg-Buchholz Süd, Wendeschleife; Schlettau (Erzgeb), KVK-Hst Markt; Scheibenberg, KVK-Hst Markt; Markersbach (Erzgeb), Post und Raschau (b Schwarzenberg/Erzgeb), KVK-Hst Mitte
Kein Anschluß an:

453 Schlettau (Erzgeb) – Crottendorf ob Bf und zurück Alle Züge 2. Klasse

km	Rbd Dresden	Zug Nr	19631		19633		19639		19643		19645		19647			
									①		♗					
0,0	**Schlettau** (Erzgeb) ... } siehe auch 450	ab	✗4.42	...	✗6.08	...	13.16	...	✗15.45	...	16.48	...	18.12	...	...	...
1,3	Walthersdorf (Erzgeb)	an	4.44	...	6.10	...	13.18	...	15.48	...	16.50	...	18.15	...	...	...
		ab	4.45	...	6.12	...	13.19	...	15.48	...	16.57	...	18.23	...	...	...
2,6	Walthersdorf (Erzgeb) Hp (u)		4.48	...	6.15	...	13.22	...	15.51	...	17.00	...	18.26	...	...	...
5,2	Crottendorf unt Bf (u)		4.57	...	6.24	...	13.32	...	16.00	...	17.09	...	18.35	...	...	...
6,5	**Crottendorf** ob Bf *(650 m)*	an	✗5.05	...	✗6.32	...	13.40	...	✗16.08	...	17.18	...	18.43	...	...	...

km	Rbd Dresden	Zug Nr	19630		19632			68364		19642		19644	19646			
												♗				
0,0	**Crottendorf** ob Bf *(650 m)*	ab	✗5.16	...	✗6.45	...	...	14.18	...	✗16.19	...	17.30	18.56	...	...	...
1,3	Crottendorf unt Bf (u)		5.24	...	6.53	...	...	14.26	...	16.27	...	17.38	19.05			
3,9	Walthersdorf (Erzgeb) Hp (u)		5.31	...	7.00	...	...	14.35	...	16.34	...	17.45	19.12			
5,2	Walthersdorf (Erzgeb) } siehe auch 450	an	5.34	...	7.03	...	...	14.39	...	16.37	...	17.48	19.15			
		ab	5.43	...	7.09	...	...	14.40	...	16.37	...	17.49	19.16			
6,5	**Schlettau** (Erzgeb) ...	an	✗5.45	...	✗7.11	...	...	14.42	...	✗16.40	...	17.51	19.18			

① 🚌 von Scheibenberg
♗ nicht am 24., 25. und 31. XII.

Seite 123

Das offiziell immer noch als »Traditionslok« geführte Einzelstück musste, wenn dergleichen Verpflichtungen anstanden, durch eine Diesellok ersetzt werden. Dem half man ab, indem man weitere 86er nach Aue umsetzte.

Auf Wunsch der Fotografen fuhr man mittlerweile auch mit der Rauchkammer Richtung Crottendorf – abweichend von der zu Planzeiten geübten Praxis.

Am 26. Mai 1987 war 86 1056-0 (ehemalige Falkensteiner Heizlok, heute bei der ÖGEG) im Einsatz: links mit der vormittäglichen Übergabe von Schlettau nach Annaberg, rechts mit einem nachmittäglichen Personenzug in der Ausfahrt Walthersdorf. Eine andere Strecke, nicht allzu weit entfernt, war zu diesem Zeitpunkt leider schon Geschichte. An sie erinnern die folgenden Seiten.

Das Areal rund um den Lokschuppen Wolkenstein konnte leicht den Eindruck eines verlassenen Gartens erwecken, in dem jemand schnell mal eine Lokomotive abgestellt hat. Bald wird »dä Kleene« am Morgen des 13. Mai 1982 mit dem typischen Meyer-Leerlaufklappern in Richtung »Personenbahnhof« entschwinden, um den P 14287 – den einzigen *täglich* bergwärts verkehrenden Zug – zu bespannen.

Der »Fahrplan« aus dem Jahre 1983: Selbst für DDR-Verhältnisse war dieses Bähnchen mittlerweile weit »aus der Zeit gefallen«; der Begriff »Tourismus« kommt dem Betrachter sicher nicht zuerst in den Sinn. Und hätte man den Anwohnern seinerzeit etwas von »Stundentakt am Wochenende« vorgeschwärmt – sie hätten sich wohl vor allem köstlich amüsiert: P 14287 in den Wiesen bei Oberschmiedeberg im Mai 1982.

Annaberg-Buchholz Süd (574 m) 450 an	...	17.07	...	...	18.42	...	...	...	...	...	...	...	◪23.03	■23.20	...	0.45	...
ab	...	17.08	...	...	18.44	...	...	...	...	...	...	...	...	...	...	...	...
Sehma	...	17.13	...	...	18.50	...	...	...	...	...	...	...	...	...	...	...	...
Cranzahl (654 m) 424 an	...	17.20	...	...	18 58	...	...	...	...	...	...	...	...	...	...	...	...
ab	...	...	...	...	✝19.10	...	...	...									
Königswalde (Erzgeb) ob Bf	...	...	...	...	19.21	...	...	...									
Kühberg (707 m)	...	...	...	...	19.27	...	...	...									
Bärenstein (Kr Annaberg) an	...	...	...	...	✝19.30	...	...	...									

a an 5.50 b an 22.20 c an 5.19
e nicht am 24. und 31. XII. ◈ 2) nur ⚒ ◈ ◈ 1) nur ✝ ◈
18753/68341 Flöha—Bärenstein (Krs Annaberg)

nicht am 24. und 31. XII. 2) nicht am 25., 26. XII. und 1. I.

422 Wolkenstein – Jöhstadt (Schmalspurbahn)

Alle Züge 2. Klasse

14281	14287	14293	14297		km	Zug Nr Rbd Dresden Zug Nr	14282		14286	69956	14290		69958	14292	14294	14284
■4.46	9.35	■16.49	■18.51	✝19.25	0,0	ab **Wolkenstein** (391 m) 420 an	⑥5.42	■5.47	...	✝8.33	...	✝13.39	⑥14.32	■ 15.36	■17.58	✝18.35
4.57	9.46	17.00	19.02	19.36	3,8	Streckewalde	5.30	5.36	...	8.16	...	13.27	14.14	15.25	17.48	18.25
5.05	9.53	17.06	19.08	19.42	6,0	Großrückerswalde	5 23	5.29	an	8.01	an	13.21	14.00	15.18	17.41	18.19
5.21	10.04	■17.17	19.19	19.53	9,4	Niederschmiedeberg	5.13	5.19	✝7.29	✝7.40	◪13.11	✝13.12	⑥13.40	b15.13	17.32	18.10
5.48	10.31	an	19.45	20.19	13,6	Oberschmiedeberg	4.46	4.46	7.02	...	12.44	...	...	14.37	17.04	17.44
6.01	10.44	...	19.58	20.33	15,0	Steinbach (b Jöhstadt) (543 m)	4.36	4.36	6.52	...	12.35	...	...	14.27	16.54	17.34
6.23	11.06	...	20.20	20.55	18,9	Schmalzgrube	4.14	4.14	6.30	...	12.12	...	...	14.05	16.32	17.12
6.28	11.22	...	20.36	21.11	21,8	Schlössel (u)	3.58	3.58	6.14	...	11.56	...	...	13.49	16.16	16.59
■6.46	11.30	...	■20.44	✝21.19	23,0	an **Jöhstadt** (684 m) ab	⑥3.52	■3.52	✝6.08	...	◪11.50	...	...	■ 13.43	■16.10	✝16.53

b an 15.04

Lok, Wagenzug, Schlusssignal. Lokführer, Schaffner. Zugnummer, Fahrplan, Wagenliste, Bremszettel, Fertigmeldung. Aus der nüchternen verwaltungstechnischen Perspektive der Reichsbahndirektion Dresden ist das, bis auf den Heizer mit der niedlichen kurzhalsigen Schippe, ein ganz normaler Personenzug. Für einige andere, Eisenbahner wie auch Nicht-Eisenbahner, ist es: ein Traum. 99 1561-2 mit dem P 14294 bei Oberschmiedeberg am 14. Mai 1982.

Wenige Stunden später: Die Sonne schaut - dank der im Frühjahr 1980 eingeführten Mitteleuropäischen Sommerzeit - gerade eben noch über »die Höh«, und der Fotograf muss nach dem Abendessen »schnell noch mal los«, denn da gibt es um »halb achte« noch einen allerletzten Zug nach Jöhstadt. Dann kehrt Ruhe auf der Strecke und im Tale ein.

Mit einem Quartier in Oberschmiedeberg konnte man den spartanischen Fahrplan auch ohne Fahrzeug fotografisch »ausreizen«. Der Morgen des 14. Mai 1982 dämmert über P 14281, der das in 543 Metern Höhe gelegene Steinbach um 5:49 Uhr hinter 99 1561-2 für einen Kampf gegen weitere 140 Höhenmeter in Richtung Jöhstadt verlassen wird. Die Reisenden wurden an jenem Morgen leider nicht gezählt. Fünf Stunden später, zum »Fotozug« 14287, waren hier schon damals Trauben von Fotografen zugange.

Jöhstadt, 14. Mai 1982: Soeben angekommen ist P 14287 aus Wolkenstein – ein Anblick, der schon seinerzeit ein wenig wirkte wie eine kolorierte Postkarte aus den 1920er Jahren. Doch das »Hundertjährige« musste ohne die Jubilarin gefeiert werden: 1892 eröffnet, wurde der Betrieb auf der inzwischen vollkommen »heruntergewirtschafteten« Strecke zwischen 1984 und 1986 etappenweise eingestellt, die Gleisanlagen abgerissen. Aber das Volk war, wie so oft in jenen Jahren, anderer Meinung: Schon 1993 fuhren in der Regie der Interessengemeinschaft Preßnitztalbahn e.V. wieder Züge zwischen Jöhstadt und Schlössel, und seit Sommer 2000 können an vielen Wochenenden auch wieder »Viere Kah« am Wasserhaus in Steinbach fotografiert werden.

Auf jedem Meter ein Motiv – so lässt bzw. ließ sich die Situation rund um Oberschmiedeberg wohl am treffendsten in wenigen Worten zusammenfassen.

Wir sehen zweimal 99 1561-2, links mit dem P 14292 am 13. Mai 1982 und rechts am frühen Morgen des 16. Mai 1982 vor dem sonntäglichen P 14286.

Rund um Dresden – Konfrontation

Ist es Zufall, dass ausgerechnet in dem Landstrich Deutschlands, durch den im Jahre 1839 die allererste deutsche Fernbahnverbindung gebaut wurde, immer noch fast täglich Dampflokomotiven zu beobachten sind? Vermutlich nicht. Kann es Zufall sein, dass jemand, der schon als Dreikäsehoch gebannt die immergleichen Runden (vorzugsweise großer) schwarzer Lokomotiven auf einer Modellbahnanlage in einem Reihenhaus irgendwo im Elbtal verfolgte, irgendwann dieses Haus verlässt, um mit einer Kamera im Gepäck nach den »richtigen« Loks zu schauen? Vermutlich nicht. Wenn man sich jedoch anschickt, in der Öffentlichkeit Dinge zu tun, die so gut wie niemand sonst tut, dann kann man nicht erwarten, dass das ohne Missverständnisse »über die Bühne« gehen würde – »spannende Begegnungen« waren somit vorprogrammiert.

Der Sommer 1977 ist vorbei, der Herbst 1977 fast. Es hat einen Fahrplanwechsel gegeben. Es fahren keine 01er mehr von Dresden nach Berlin. Wie der Hund zum Grabe seines Herrchens, so pilgere ich wieder und wieder nachmittags zur angestammten Zeit an die Strecke, vielleicht kommt ja doch noch mal eine. Ich weiß nichts von Dienstplänen und von Ausmusterungen, ich weiß nicht einmal, dass es den Begriff »Maschinenwirtschaft« gibt, dass es also gute Gründe dafür gibt, dass ein »Nie wieder« manchmal wirklich ein »Nie wieder« ist – ich bin ein Schüler aus dem »Tal der Ahnungslosen«. Und ich kenne nicht die Lücke im Zaun, die »Bereitschaft« oder »Reserve« heißt. Ich sitze nur so da herum. Das fällt schließlich auch dem Wärter des Blocks Brockwitz auf. Über eine Stunde hocke ich jetzt schon auf dem Grasfetzen gegenüber seiner Bude, Diesel auf Diesel ist vorbeigefahren. Ab und zu bewegen sich die Gardinen. Dann glotzt er. Um die Schranken zu schließen, muss er »das Häusl« verlassen, die Böcke mit den Winden stehen draußen – Handbetrieb. Soeben hat er eine Zugmeldung entgegengenommen, und nun muss er wieder los. Und es reicht ihm. Er ist groß und schwer, die Uniformbluse hält ihn nur mit Mühe zusammen, so scheint es, und sein riesiger Schädel sitzt ohne Hals auf dem Körper: »Was treibst Du Dich hier herum?«, bellt er herüber, »mach Dich nach Hause!« Dass ich hier sei, um Dampfloks zu sehen, rufe ich zurück. So, wie er aussieht, ist er an einer Antwort wohl nicht wirklich interessiert gewesen. Er schüttelt sich, wie ein nasser Hund, verständnislos: »So'n Quatsch, hier gibt's keine Dampfloks mehr!«, und trollt sich zurück in seinen Bau. Das Schließen der Schranken war die Voraussetzung für die Signalfreigabe. Erinnert sich noch jemand an das Geräusch der Drahtzüge im Gras? Aha, das Berliner Signal. Ich sitze immer noch, aber nicht mehr lange: Ein schwarzer Punkt kommt näher, schnell, schneller. Augenblicke später jagt die Berliner 01 1506 als Lz vorbei. Puuuh, besser kann es heute nicht mehr werden, ab nach Hause! Ich wende mich ab, sammle mein Fahrrad auf, das Gesicht des Blockwärters möchte ich jetzt sehen.

Ein Sonntagmorgen im Februar 1981: Schnee, Sonne, Ruhe und ein halbes Dutzend Dampfzüge in Aussicht – perfekt. Fast. Denn in der Nähe des legendären Kilometersteins »97« in der Dresdner Heide, an dem schon Carl Bellingrodt fotografierte, hielt man sich seinerzeit nicht ohne ein gewisses »Fracksausen« auf: In Hellerau, nur wenige 100 Meter talwärts, befanden sich die umfangreichen Liegenschaften der »Roten Armee«. Man konnte sie von Ferne beobachten, sie, die von den Einheimischen nur »arme Kerle« (und nicht »Brüder« oder »Befreier«, wie es sich die offizielle Propaganda wünschte) genannt wurden, wenn man im Bahnhof Dresden-Klotzsche auf den Zug wartete oder auch – besser nicht ohne vorherige Konsultation der Aufsicht – auf dem Bahnhof fotografierte. Hinten an der Ladestraße saßen sie auf offenen Güterwagen voller Kohle, die Haare raspelkurz, gewandet in graugrünbraune Uniformen, und warfen die Briketts einzeln von Hand hinüber auf einen LKW, der auf dem Fahrerhaus den ruhmreichen roten Stern trug. Überall taten sie das, in Oschatz ebenso wie in Meißen. Den Sieg des Sozialismus hatten wohl auch sie sich etwas anders vorgestellt. Oder handelte es sich um Strafarbeiten? Der wahre Grund war nicht zu erfahren, denn Kontakte zu den »sozialistischen Brüdern«, vor allem in Uniform, waren nicht wirklich gern gesehen. Hin und wieder begegnete man auch am Kilometerstein 97 in der entsprechenden Saison jugendlichen, um Unauffälligkeit bemühten Beeren- und Pilzsammlern. Verbraucht aussehende Uniformen, das Käppi als Sammelbehältnis nutzend, in ihren Gesichtern las man auch ohne Zuhilfenahme eines Wörterbuchs, dass die »Union der sozialistischen Sowjetrepubliken« ein Vielvölkerstaat war. Diese Begegnungen waren in der Regel ungefährlich, denn diese Spaziergänger hatten wenig Interesse daran, dass ihre Ausflüge publik wurden. Problematisch waren andere Zeitgenossen. Einmal ergab sich folgendes Zusammentreffen: Auf der anderen Seite der Gleise erschien ein älteres Ehepaar, offensichtlich beim gutbürgerlichen Sonntagsspaziergang. Er ruft resolut: »*Junger Mann, sie fotografieren doch nicht etwa Züge? Das ist verboten, das dürfen sie nicht!*«

Über die beiden Gleise hinweg entspinnt sich sodann ein in entsprechender Lautstärke geführtes und dabei doch sehr ernsthaftes Gespräch (Loriot hätte seine Freude daran gehabt) über die rechtlichen Feinheiten im Bereich der Eisenbahnfotografie, von denen der eine weiß und der andere nichts wissen will. Ging man denn sonntags in den Wald, um sich – vor der Gemahlin auch noch – belehren zu lassen von einem zottelhaarigen Jüngling? Der kaum 18jährige Lichtbildner (der offensichtlich die Kamera schussbereit und also gut sichtbar umhängen hat, denn die »Talfahrer« kamen schnell, leise und ohne »Vorwarnung«) beendet die ersichtlich fruchtlose Debatte (er kennt sie ja in- und auswendig) schließlich mit dem Satz: »*Wissen se, Sie können ja versuchen, mich daran zu hindern, aber leider ist das Überschreiten der Gleise verboten!*«

Das Ganze blieb ohne Konsequenzen, außer vielleicht einer Weile Schnappatmung beim dergestalt Vorgeführten, denn Mobiltelefone zum pflichtschuldigen Herbeirufen irgendwelcher »Organe« gab es ja noch nicht.

Noch heute kann man vor den Toren der sächsischen Landeshauptstadt Dresden in den Stationen Radebeul Ost und Freital-Hainsberg von der S-Bahn in schmalspurige Dampfzüge umsteigen. Gibt es im 21. Jahrhundert eine zweite Stadt auf diesem Planeten, die sich dergestalt auszeichnet und die darüber hinaus neben den schienengebundenen »schwarzen Dampfern« auch noch eine beachtliche Flotte »weißer Dampfer« – die größte und älteste Schaufelraddampfer-Flotte der Welt – auf der Elbe aufzubieten hat?
Mit acht werktäglichen Zugpaaren bot die Verbindung von Radebeul Ost nach Radeburg, Geburtsort von Heinrich Zille, seinerzeit schon einen veritablen Vorortverkehr ins geschichtsträchtige Moritzburg und darüber hinaus und nach dem Bad Doberaner »Molli« das zweitbeste Zugangebot aller DDR-Schmalspurstrecken. Von Hainsberg aus erreicht(e) man, nach knapp zweistündiger beständiger Bergfahrt, im 530 Meter hoch gelegenen Kurort Kipsdorf die Ausläufer des Erzgebirges. Auf beiden Strecken fuhren (und fahren) die etwas pummeligen Loks der Baureihe 99.17, seinerzeit vorwiegend Altbauloks in Freital und Neubauloks in Radebeul. Aber für einen Meissner Schüler war Radebeul nach den Hausaufgaben definitiv die bessere Wahl: Nur eine halbe Stunde Anreise und die Loks standen »vorwärts« vor dem Schuppen. Im Sommer 1987 präsentierte sich 99 1788-1 dortselbst in ungewöhnlicher Optik.

Das kleine, vor den Toren Dresdens gelegene Bahnbetriebswerk Nossen hatte schon einige Kapitel sächsischer Eisenbahngeschichte mitgeschrieben (u.a. Auslauf-Bw der letzten sächsischen »Rollwagen« und der Baureihe 35, Heimat-Bw diverser sächsischer Schmalspurloks und Endbahnhof eines weiträumigen Schmalspurnetzes), als es mit 50 1002-0, die man im Jahre 1978 mit großen Windleitblechen (gerettet von der Dresdner 01 2207-0) ausgestattet hatte, in einschlägigen Kreisen wieder in den Fokus geriet. Hier rollt sie am 1. August 1982 auf die Drehscheibe.

Dabei blieb es aber nicht: Im Herbst 1982 gelang es auch noch, die Traditionslok 35 1113-6 wieder im Plandienst einzusetzen. Mit etwas Glück konnte man die beiden Schmuckstücke in den folgenden zwei Jahren freitags und/oder sonntags zusammen vor dem P 15768 nach Riesa bewundern, mit dem die 35er zum »Magdeburger Eilzug« überführt wurde.

Am 31. Oktober 1982 spannte jedoch 50 3657-9 vor.
Der Reiseverkehr im ehemaligen Knoten Nossen ruht beim Abschluss des Manuskripts, aber im praktisch vollständig erhaltenen Bahnbetriebswerk sind auch im 21. Jahrhundert immer noch Dampflokomotiven untergestellt, darunter auch 35 1113-6.

Denkt man an ein Flusstal in Sachsen, so hat man wohl eher ein kleinteilig-liebliches Landschaftsbild im Sinn, auch und gerade außerhalb des Erzgebirges oder des Elbtales östlich von Pirna. Aber an der nicht gerade langen Freiberger Mulde (die »im Böhmischen« entspringt) konnte es durchaus auch spektakulär werden:

Links 50 3551-4 hoch oben »auf der Kante« mit dem abendlichen P 7774 nach Leisnig bei Westewitz-Hochweitzschen am 1. Juni 1982, rechts ein eher beschaulicher Blick über den Fluss auf 50 3536-5 mit dem 61345 von Döbeln bei Gleisberg-Marbach am Vormittag desselben Tages.

Ende Mai 1987 sollte der Dampfbetrieb in Nossen schließlich eingestellt werden. Höchste Zeit für eine Radtour in die fruchtbare Hügellandschaft der »Lommatzscher Pflege«, einen seit dem 8. Jahrhundert besiedelten Landstrich. Letzte Planlok war 50 3603-3, hier bei der Ausfahrt aus dem Bahnhof Lommatzsch mit dem mittäglichen Nahgüterzug nach Riesa am 30. April 1987.

Bis Anfang der 70er Jahre war Lommatzsch noch ins dereinst weiträumige sächsische Schmalspurnetz eingebunden, von hier konnte man einerseits nach Döbeln (und von dort weiter über Mügeln bis nach Neichen vor den Toren von Leipzig oder über Oschatz bis nach Strehla an die Elbe) und andererseits nach Meißen (und von dort weiter über Wilsdruff ins Erzgebirge nach Frauenstein oder Kipsdorf) fahren.

Nördlich des damals schon 800 Jahre alten Städtchens (zu dessen Ehrenbürgern mittlerweile ein Herr namens Terence Hill gehört, über den vor 1990 offiziell nicht allzu gern allzu laut gesprochen wurde, der aber hier tatsächlich einige Jahre seiner Kindheit verbrachte) wurde dann die Rückleistung, der P 15771, erwartet. Erst im Jahre 1877 ans deutsche Eisenbahnnetz angegliedert, verbleibt Lommatzsch Anfang des 21. Jahrhunderts ohne aktiven Bahnanschluss.

Nossen, 5. Dezember 1981: Der erste Schnee des Jahres hat selbst die Eisenbahnarchitektur verzaubert. 50 3551-4, heizt den abendlichen P 15776 nach Riesa vor. Erst kurz vor Abfahrt wird man an den Bahnsteig vorziehen.

Am 28. September 1982 war die Dresdner 03 001 mit dem eleganten »Zwickauer Traditionszug« von Dresden nach Leipzig unterwegs. Ein verständnisvoller Stellwerker ermöglichte dem »ohne Vorwarnung« hoch oben bei ihm auftauchenden Fotografen diese eher ungewöhnliche Perspektive in Miltitz-Roitzschen. Auf der Straße ein Teil der »Karawane«, die den Zug fotografierend begleitete – ein solches Verkehrsaufkommen kannte man dort ansonsten nicht.

Zwischen Meißen und Nossen gab es noch in den 80er Jahren zwei Blockstellen, wenngleich deren betriebliche Notwendigkeit wohl spätestens seit dem Ende des »Ringverkehrs« im Güterverkehr zwischen Dresden und Leipzig (der bis zur Elektrifizierung praktiziert wurde) nicht mehr gegeben war.

Am 31. Dezember 1982 hatte 50 1298-4 den P 4733 Leipzig Hbf – Meißen in Nossen übernommen und passiert gerade die Blockstelle Götterfelsen vor den Toren der 1000jährigen Stadt. Die Rückfahrt war meist alles andere als entspannt ...

... denn kurz vor Rothschönberg, der anderen Blockstelle (nächst Deutschenbora), geht es nach über zehn Kilometern Anstieg gerade noch so voran. »Geschwindigkeit« kann man das nicht mehr nennen, auch die 110er, die am Zugschluss heiser brüllend offensichtlich »alles gibt«, kann daran nicht mehr wirklich etwas ändern: 50 3539-9 mit dem 61348 am 5. Februar 1986. Der Lichtschacht der PENTACON SIX ermöglicht die extratiefe Perspektive.

Bis Mai 1979 waren die drei Nahgüterzugpaare nach Dresden-Friedrichstadt Bestandteil des fünftägigen Nossener 50er-Plans, dann übernahmen Dresdner Dieselloks. Ab Ende 1981 gab es wenigstens wieder ein Dampfzugpaar: 50 3540-7 am 15. August 1982 in Meißen-Triebischtal, im Vordergrund die zeitgenössische Infrastruktur der (braunkohlegetriebenen) »Fernwärmeversorgung«, dahinter die klassisch-fortschrittliche Wohnbebauung der 50er/60er Jahre.

Zum 1. Dezember 1981 kehrte die Dampftraktion selbst ins Groß-Bw Dresden zurück: Dresdner Personal besetzte fortan eine Nossener 50er. Die Tagschicht fuhr ein Nahgüterzugpaar nach Nossen, die Nachtschicht brachte zunächst einen Nahgüterzug von Dresden-Friedrichstadt nach Meißen und übernahm dort einen Lgo »in die Kohle«, nach Schwarzkollm. Dieser verkehrte über die schon lange nicht mehr existente Verbindungskurve vom Haltepunkt Neusörnewitz zum Abzweig »Elbgaubad«, halbwegs zwischen den Bahnhöfen Coswig und Niederau gelegen. Zurück ging es mitten in der Nacht mit dem Kohlezug 56221 nach Meißen, bevor in den frühen Morgenstunden ein Nahgüterzug nach Dresden-Friedrichstadt die Schicht beendete. Eine tägliche Laufleistung von knapp 300 Kilometern war für eine Dampflokomotive im Güterzugdienst in diesen Jahren ein stolzer Wert. Im Frühjahr 1982 wurde noch ein zweiter Plantag erstellt, der sogar eine S-Bahn-Leistung nach Dresden-Grenzstraße enthielt, doch zum Fahrplanwechsel am 23. Mai 1982 war das alles leider schon wieder Geschichte. In Coswig wurden die von Riesa und Meißen nach Dresden-Friedrichstadt fahrenden Nahgüterzüge üblicherweise »vollgeknallt« (ausgelastet), soweit es eben ging. Hatte man keinen »vollen« Zug »anzubieten«, konnte es passieren, dass die »Fuhre« von Friedrichstadt geweigert wurde und abgespannt werden musste – für das kleine Coswig mit seinem üblicherweise hohen Wagenaufkommen konnte das eine Katastrophe sein. Aber das »Schleppen« von »halben Zügen« drückte die Bergleistung, und das konnte man sich nicht jeden Tag leisten, denn Friedrichstadt musste um jeden Preis »flüssig bleiben«.

Lok 50 3540-7, dem kleinen Dresdner Plan zugeteilt, ist vor wenigen Minuten in Coswig gestartet und »ackert« nun, am Nachmittag des 14. April 1982, mit dem 61345 vor der Kulisse der Radebeuler Weinberge durch Naundorf in Richtung der Elbbrücke Niederwartha.

Noch einmal der Dresdner Umlauf: 50 3540-7 am 23. April 1982 vor dem abendlichen 61350 von Dresden-Friedrichstadt nach Meißen (das einstmals rund um die Uhr eine Rangierlok zu beschäftigten vermochte, wo es heute aber überhaupt keinen Ortsgüterverkehr mehr gibt) am Abzweig B in Coswig – man beachte die Zuglänge!

Parade in Radebeul Ost am 18. September 1981: Jeden Nachmittag trafen sich die beiden Planloks hier, aber bei dieser Gelegenheit wurde offenbar auch noch eine Lok getauscht. Die blitzblanke 99 1773-3 ersetzte vermutlich die schon etwas müde aussehende »1781«, deren Lampen (begehrte Sammlerstücke schon damals) sie wohl auch bereits erhalten hat. Rechts die gleichfalls dienstgraue 99 1788-1 – man stelle sich das Entsetzen des Publikums vor, würde heutzutage eine Lok in einem solchen »Zustand« an den Bahnsteig rollen.

Vor dem Umbau des Bahnhofs Radebeul Ost im Zusammenhang mit dem viergleisigen Ausbau der Strecke Anfang des 21. Jahrhunderts teilten sich die »große« und die »kleine« Eisenbahn – so wie heute noch in Cranzahl – einen Bahnsteig. Hier wartet 99 1773-3 vor dem P 14218 am 19. Dezember 1981, somit ist der Mann mit der Tanne also ziemlich spät dran!

Nachtruhe in Radebeul Ost: 99 1772-5 am 24. März 1981. Die eine Perspektive gibt es heute noch, die andere nicht mehr. Mit dem Wissen, dass die DDR den Großteil ihrer Schmalspurbahnen langfristig zu erhalten gedachte, hat man diese seinerzeit – natürlich auch aus zeitlichen und finanziellen Gründen – meist weiter unten auf dem »Wunschzettel« platziert. Wunderbar, dass es sie heute noch gibt.

Die 99er waren nicht die einzigen »Exoten« im Elbtal: Die wenigen noch vorhandenen 86er der Reichsbahn waren seit dem Ende der Streckeneinsätze 1977 (soweit man davon im »Tal der Ahnungslosen« überhaupt wusste) als Heizloks in diversen sächsischen Lokschuppen versteckt, eine davon in Pirna. Diese sollte, so hieß es, täglich um die Mittagszeit mit eigener Kraft den Heizstand zum Restaurieren verlassen.

Das war einen Versuch (zum S-Bahn-Tarif) wert. Eine Lücke im Zaun fand sich schnell, und dann ging es auch schon los: 86 1333-3 im (schon lange nicht mehr existenten) Bw Pirna am düsteren, aber immerhin weißen 20. Februar 1981, im Hintergrund sieht man 50 3516-7. Die Tenderlok diente hier von 1976 bis 1982, der Rest ist Geschichte.

Großstadtbahnhof bei Nacht: In der Nordhalle des Dresdner Hauptbahnhofes steht – ausgerechnet am schier endlosen Bahnsteig 17 – am 11. Oktober 1982 kurz vor fünf Uhr morgens einer der kürzesten Züge, die man im Knoten Dresden seinerzeit abfertigte, und einer der letzten dampfbespannten Personenzüge obendrein: P 4850 ins ferne Straßgräbchen-Bernsdorf. Die Kamenzer 52 8036-7 wäre allerdings planmäßig »Esse voran« zu erwarten gewesen. Im Hintergrund der »Train« des schicken, erst im Herbst 1976 etablierten »Städte-Ex(press)« mit dem ebenso noblen wie passenden Namen »Elbflorenz«, der Dresden erst gegen 7.30 Uhr Richtung Berlin verlassen wird.

Dampflok als Devisenbringer: Im Frühjahr 1982 hatte die Reichsbahn wieder einmal für zahlungskräftiges Publikum »die edlen Rosse angespannt«. 03 001 hatte am Vormittag des 29. Mai 1982 den »Rheingold« von Leipzig via Döbeln – Nossen nach Dresden gebracht. Es war dann die Aufgabe von Dresdens zweitem »Renner« 01 137, die Gäste des »Arbeiter-und-Bauern-Staates« in einem nächtlichen Ritt über die Hauptbahn (via Riesa – Oschatz) zurück nach Leipzig zu bringen. Die Dresdner Schaulustigen, Arbeiter und Bauern, in Scharen zugegen, durften sich – wieder einmal – nur »die Nasen an den Scheiben plattdrücken«. Eines nicht mehr allzu fernen Tages würden sie ihrer Obrigkeit dies und anderes gründlich aufrechnen.

Der Dg 50252 aus Bautzen hatte eigentlich schon vor sechs Uhr morgens in Dresden anzukommen. Eine satte Verspätung sorgte am 31. Mai 1982 dafür, dass der soeben erst der Meissner S-Bahn entstiegene Fotograf noch rasch einen »Notschuss« setzen konnte. Das plötzliche grelle Aufblitzen der Lok (es handelt sich um 52 8059-9, eine der Bischofswerdaer Planloks) hat er leicht irritiert zur Kenntnis genommen. Es würde noch ein paar Jahre dauern, bis die Kunde vom »glint shot« auch das »Tal der Ahnungslosen« erreicht.

Bei der »Wumme«, die hinter der 52er gerade noch zu sehen war, handelte es sich um die in Dresden-Neustadt stationierte Lok für den Schiebedienst hinauf nach Dresden-Klotzsche. Frachtenzüge Richtung Oberlausitz hatten also wenige Minuten nach dem Verlassen des Rangierbahnhofs Friedrichstadt gleich wieder einen Zwangshalt zum Ansetzen der mit Kellerscher Kupplung ausgerüsteten Maschine. Deshalb rollt die Bautzener 52 8012-8 mit dem Dg 50353 nach Schlauroth am Morgen des 9. Juli 1981 auch nur »duhsemang« (altsächsisch für »langsam«; vom französischen *doucement*) in den Bahnhof.

Ein (Dampf-) Fototag in Dresden begann idealerweise mit diesen beiden Zügen: Zuerst P 4857, hier mit der Kamenzer 52 8154-8 (die, mittlerweile in Leipzig beheimatet, auch heute noch gelegentlich in Dresden zu sehen ist) am 10. Juli 1981 kurz vor sieben in Dresden-Mitte. Das Kühlhaus im Hintergrund musste der Umgestaltung des Stadtzentrums nach 1990 weichen.

Eine Viertelstunde später rollte Dg 50353 nach Schlauroth durch den Bahnhof, gezogen von der Bautzener 52 8030-0. Schöne Überraschung an der Zugspitze: Die Jöhstädter 99 1561-2 auf dem Weg ins Schmalspur-RAW Schlauroth (das schließlich im Jahre 1996 seine Arbeit einstellte). Rechts neben der Lok das letzte Relikt der im Februar 1945 zerstörten Bahnsteighalle.

Am 1. Februar 1981 ist die Bautzener 52 8142-3 (eine Lok mit Giesl-Ejektor war da bereits eine Rarität) in der Dresdner Heide unterwegs Richtung Heimat; rechts das (talseitige) Vorsignal der Blockstelle Hellerau.

Im Lauf des Sommers übernahm eine Handvoll 118er das Gros dieser Dienste und machte die Lichtbildnerei zu einer Art Glücksspiel, denn Dieselloks wurden seinerzeit in der Regel nicht fotografiert.

Was für ein Kontrast: Nahezu geräuschlos und umgeben von sattem Grün rollt am Morgen des 31. Mai 1982 die Kamenzer 52 8013-6, erwartet von nur einem einzigen (!) Fotografen, mit dem P 4859 durch die Heide zu Tale. Seit der Aufnahme auf Seite 108 ist wenig mehr als eine Stunde vergangen. »Aufregende Verfolgungsjagden« werden auch weiterhin nicht angezeigt sein, denn vor Ablauf der nächsten Stunde wird bereits der nächste Dampfzug diesen überaus schönen Flecken Erde passieren.

Jenseits einer Last von 600 Tonnen war für den Anstieg aus dem Elbtal bis Dresden-Klotzsche eine Schiebelok notwendig, das betraf also mehr oder weniger alle Güterzüge außer den Lgo. Wenn der Lokführer der Schiebelok dann am nördlichen Bahnhofskopf die Kellersche Kupplung ausklinkte und die 120er sacht zurückfallen ließ, streckte sich der Zug manchmal hörbar, und die Schwerkraft zwang die ohnehin schon hart arbeitende Zuglok erbarmungslos noch ein Stück weiter »in die Knie«, denn die Steigung ist hier noch lange nicht zu Ende – ab jetzt muss es bis Radeberg allein gehen, irgendwie: Die Bautzener 52 8142-3 tobt mit dem Dg 50353 durch das noch in sonntagmorgendlicher Trägheit dahindämmernde Langebrück, und der restlos begeisterte »Fotoamateur« – der einzige weit und breit auf dem Bahnsteig – hat vor Aufregung die Kamera ein wenig zu tief angehalten, schade.

Und während die schier endlose »Leine«, begleitet vom ebenso wütenden wie trotzigen Stakkato der buchstäblich »auf dem Zahnfleisch gehenden« (so hieß das früher) Lok wie in Zeitlupe entschwindet, taucht plötzlich geräuschlos erneut eine 52er unter der Brücke auf. »8151« - noch eine Bautzener: Na, schönen Dank auch, dann ist der Lgo wohl wieder Ausfall? Sie kommen auf meiner Höhe zum Halten - »Abstand«, das kann jetzt dauern. Ein kleiner Schwatz, woher, wohin. Ja, 49511 Ausfall, natürlich. Nach einer Weile sagt der Heizer, ein echter Oberlausitzer: »*Tu ock ni rumquotschn, gieh ock a Sticke fuhr - iech load der een nein!*«

Ich tat wie befohlen, und dann ging es auch schon los: »Volles Rohr« mit einer Lz, einfach mal so, für einen dieser »Irren«, die Sonntagmorgen nix besseres vorhaben. Aber jetzt mal ganz im Ernst: Was hätte die FDJ[1], was hätte die GST[2], was hätte die SED[3] dagegen aufbieten wollen?
Sie hatten verloren - alle.
Spätestens am Morgen dieses 6. September 1981.

[1] Freie Deutsche Jugend

[2] Gesellschaft für Sport und Technik

[3] Sozialistische Einheitspartei Deutschlands

Durch die Oberlausitz –

Information

Die Dampflokfotografie wurde in Sicherheitskreisen oft und gern im Kontext der Spionage verortet. Natürlich kann man Bahnanlagen eine gewisse strategische Bedeutung beimessen, aber es war wohl eher das auffällig-unauffällige Verhalten der Protagonisten: Ebenso hartnäckig wie zielstrebig an bisweilen sehr, sehr seltsamen Orten abseits aller touristischen Pfade aufzutauchen, und das unter Umständen auch noch zu fragwürdigsten Tageszeiten. Männer, junge und alte, motorisiert oder nicht, die etwas zu wissen schienen, das andere nicht wussten, zielstrebig ohne ersichtlichen Grund, auf irgendetwas wartend – auffällig oder nicht. Ein Verhalten, das die Fragen besorgter Bürger: »Was machen Sie denn hier?«, nachgerade herausforderte, denn in der DDR, dem Land des sozialistischen Fleißes und der Planerfüllung, saß man nicht einfach so am Rande eines Wäldchens herum, schon gar nicht an einem Werktag, denn man hatte zu tun! Allein dieses demonstrative Nichtstun also konnte Erstaunen hervorrufen, auch und gerade im ländlichen Raum, wo es neben der kollektiven (deren Schutz ja ohnehin pflichtschuldig der sozialistischen Wachsamkeit anheimfiel) auch immer noch private Landwirtschaft und also die entsprechenden Interessen und Verpflichtungen gab.

Ungeachtet dessen kann der Verfasser dieser Zeilen nicht mit Geschichten von sensenschwingenden Bauern oder losgelassenen Hunden aufwarten, denn der Umgang der Bürger dieses kleinen Landes war in aller Regel letztlich auf Konfliktbeilegung ausgelegt und eher defensiv-freundlich (wie sehr die Bevölkerung das verinnerlicht hatte, mag auch in dem gesellschaftlichen Kunststück, diesem historischen Paradox der dann 1989/90 stattfindenden »gewaltfreien Revolution« aufscheinen).

Aber: Das Wissen, das der Möglichkeit dieses Auftauchens überhaupt vorauszugehen hatte, musste zunächst ja auch irgendwie, irgendwo gewonnen, erworben, ausgetauscht, weitergeleitet werden – ohne Unterstützung digitaler Medien. Erste Adresse als Informationsbörse war natürlich das Bahnsteigende – ein Bahnsteigende, an dem man die anderen »Verrückten« traf und von dem man nach irgendwohin Ausschau halten konnte, sich währenddessen über seine letzten Touren und Sichtungen austauschend, bei Bedarf (und Sympathie mag auch eine Rolle gespielt haben) Adressen tauschend. Die Luxusvariante ging so: Kursbücher und Hefte der Zeitschrift »Modelleisenbahner« (hierfür hielt der umsichtige Bürger ein Zweit-Abo und reduzierte damit das inländisch noch verfügbare Kontingent, zum Schaden des Sozialismus) Richtung Westen schicken, im Ausgleich dafür Fotokopien mit allen relevanten Informationen aus allen relevanten Zeitschriften (Lok Report, Lokrundschau, Eisenbahnkurier) retour – das alles jahrelang offensichtlich unbeanstandet mitten durch den »Eisernen Vorhang«. Ein Verlust ist nicht ein einziges Mal zu beklagen gewesen, und es gab auch keine einschlägige »Akte«, in der die dubiosen Aktivitäten des Protagonisten Einzug hätten gehalten haben können. Doppeltes Paradox: Alle diese »geheimen« dienstlichen Informationen waren vorher ja erst von Ost nach West gewandert, um von dort dann gesammelt und »verarbeitet« wieder zurückzukommen. Aber die Übermittlung von Informationen konnte durchaus auch »Wellen schlagen« – wenn man sie einem hinreichend »sonnigen Gemüt« anvertraute: Im Herbst 1982 »durfte« der Verfasser dieser Zeilen seinen »Ehrendienst« bei der »Nationalen Volksarmee« des »Arbeiter- und Bauernstaates« antreten. Er hatte sich schon bei der »Musterung« schwungvoll »in die Nesseln gesetzt«, weil er als Abiturient die unglaubliche Frechheit (so sah das die andere Seite tatsächlich) besessen hatte, sich nicht »freiwillig« auf drei Jahre (statt der obligatorischen 18 Monate) zu verpflichten. Eine detaillierte Begründung musste er den »Genossen« der »Musterungskommission« leider schuldig bleiben, denn hätte er dort wahrheitsgemäß zu Protokoll gegeben, dass er das Herumlungern auf einer Wiese an einem Bahndamm dem Strammstehen auf einem eingezäunten Hof in jedem Falle vorziehe – man hätte ihn wohl sogleich »eingewiesen«. Denn wer nicht glücklich und dankbar danach strebte, Teil des »Kollektivs« zu sein, der konnte nicht normal sein. Es galt also, auch in Quasi-Gefangenschaft diverse Kontakte zu pflegen, um »auf dem Laufenden« zu bleiben, damit man im knappen und kostbaren Urlaub dann irgendwo gezielt »zuschlagen« konnte. Einer dieser Kontakte saß in Meißen und war ein Mitschüler, der bis zu diesem »Ehrendienst« noch zwei Jahre Zeit hatte. Einer von denen, die sich wenig Sorgen machten, und die damit erstaunlicherweise auch verdammt gut »durchkamen«: Die am letzten Werktag vor dem langen Weihnachtswochenende zwecks Beschaffung von Fotopapier (knappes Gut, kostbare »Bückware«!) ins Fachgeschäft pilgerten, weil sie an diesen freien Tagen in der heimischen Dunkelkammer Fotos abzuziehen gedachten und dort tatsächlich Fotopapier in der gewünschten Menge und Gradation erhielten. Das musste man erst einmal hinbekommen!

Die nachmittägliche »Dienstausgabe« war der Höhepunkt des öden NVA-Alltages, endlich Feierabend vom Drill und endlich Post (besser noch: »Fresspakete«) von zu Hause. An einem dieser Tage wurde der Verfasser dieser Zeilen zwar als Postempfänger aufgerufen, aber der fette »Hauptfeld« steckte die Postkarte für alle sichtbar mit den Worten: »Sie melden sich dann bei mir!« demonstrativ wieder in seine Jackentasche. Das war so noch nie vorgekommen, aber was sollte passieren? Diese Adresse kannten nicht viele Leute und die notwendige »Westkorrespondenz« lief weiter unter der heimischen Adresse, allerdings auf den Namen des Vaters. Ob das jemals jemand registriert hat, wird sich nicht mehr klären lassen, denn ein bald nach 1990 gestellter »Antrag auf Akteneinsicht« erbrachte – siehe oben – lediglich die Auskunft, dass es eben keine Akte gibt.

Im schäbigen Büro des »Hauptfeld« hatten sich schon einige »Dienstgrade« versammelt, sogar hochglänzende Schulterstücke waren dabei. Wofür in aller Welt dieser »Auflauf«? Mit spitzen Fingern und stechendem Blick reichte der Dicke (wir haben uns vom zweiten bis zum letzten Tag gehasst, und wir wussten beide warum) mir die Karte über den Tisch und fauchte: »Was ist das?« Das Schriftbild kannte ich wohl: Post

aus Meißen, ich drehte die Karte um. Großartig, nach kurzer Einleitung (leider gibt es das Dokument nicht mehr) ging es offensichtlich um die neuen Bautzner Lokumläufe, also stand da ungefähr: »*Neu Btz Tag 1: 64224 Hw/Lz Knr/56279 Btz. 65253 oft mit Diesel, neu ist 52 4924*«. Und so weiter, und so weiter, eine ganze Postkarte voll. Und jetzt dämmerte es bei mir: Für die tschekistische Wachsamkeit der Genossen war das gleichermaßen Rätsel wie rotes Tuch – eine Geheimschrift?! Was waren das für Informationen? »Oh, was für ein Trottel!«, dachte ich noch, und dann: »Das sieht nicht gut aus, sie mögen dich eh nicht, und jetzt haben sie dich wohl endlich ... «, dann atmete ich tief durch und erläuterte den »Genossen« knapp den Inhalt. Was sollte ich auch tun? Sie schwiegen, schauten sich kurz an, schwiegen wieder, dann knurrte einer: »Verschwinden sie!«
Und das war es, ich habe nie wieder etwas davon gehört.

Stoomkroniek 11 DR

Strecke 303 Dresden - Straßgräbchen-Bernsdorf								
528	N	66211		Straßgräbchen-B.	Ottendorf-O.Süd	oo.45	o1.56	Kame
528	Lgo	59191		Hohenbocka	Ottendorf-O.Nord	o1.44	o3.1o	Kame
528	P	485o	a	Dresden Hbf	Straßgräbchen-B.	o4.42	o6.24	Kame
V/528+Sl528	P	4859		(Hoyerswerda-)Straßgräb.-Königsbr.		o6.56	o7.28	Kame 1
528	P	4859		Königsbrück	Dresden Hbf	o7.33	o8.33	Kame
528	N	6o211		Königsbrück - Dresden-Klotzsche		o7.41	1o.18	Kame
528	N	6o312		Dresden-Klotzsche	Ottendorf-O.Süd	1o.55	11.o8	Kame
528	P	4856		Dresden Hbf	Straßgräbchen-B.	11.24	13.o3	Kame
528	N	6o312		Ottendorf-O.Süd	Königsbrück	12.2o	12.48	Kame
528	N	66215		Straßgräbchen-B.	Königsbrück	14.25	15.18	Kame 2
528	N	66214	a	Königsbrück	Straßgräbchen-B.	14.3o	15.o6	Kame
528	N	66214	c	Königsbrück	Straßgräbchen-B.	14.16	14.51	Kame
528	Üb	74267		Straßgräbchen-B.	Schwepnitz	15.11	15.26	Kame
528	P	4865		Straßgräbchen-B.	Königsbrück	15.31	16.o1	Kame
528	N	66217		Königsbrück	Ottendorf-O.Süd	16.31	17.o5	Kame
528	Üb	74268		Schwepnitz	Straßgräbchen-B.	17.oo	17.15	Kame
528	N	66218	c	Ottendorf-O.Süd	Königsbrück	17.32	17.55	Kame
528	N	66218	a	Ottendorf-O.Süd	Königsbrück	2o.o3	2o.26	Kame

1: V/52.8 + Sl 52.8 alleen/only/nur mo-fr
2: Sa Straßgräbchen-B. ab 14.15

Strecke 320 Dresden - Riesa - Leipzig								
528	N	6569o		Engelsdorf	Leipzig-Dresd.Gbf	o3.15	o3.31	Eng
528	TDg	48521		Leipz-Dresdener Gbf	Engelsdorf	o4.41	o4.56	Eng

Post vom »Klassenfeind«: Zweimal jährlich veröffentlichte die Arbeitsgruppe »De Stoomlocomotief« der Zeitschrift »Stoomkroniek«, die in Eygelshoven in den Niederlanden herausgegeben wurde, eine Broschüre im A5-Format, die den Titel »Dampfgeführte Züge der DR« trug und die auch genau das enthielt: alle bekannten Dampfleistungen in der DDR für alle Spurweiten. Sie konnte gegen Überweisung von 6,95 DM (also: »richtige« Mark) beim Herausgeber bezogen werden. Pech für den DDR-Bürger, der mit den ungeliebten sogenannten »Alu-Chips« vorlieb zu nehmen hatte. Aber, so stand da auch im Vorwort geschrieben: Wer die Herausgeber mit »frischen« Informationen versorgte, der wurde mit einem Gratis-Exemplar bedacht. Diese Chance wurde auch genutzt: Die Post zumindest des Verfassers dieser Zeilen passierte mehrere Jahre lang ebenso regelmäßig wie unbeschadet den »Eisernen Vorhang«, in beide Richtungen. Hier ist beispielhaft zu sehen, was man im Sommer 1984 außerhalb der DDR über den Dampfbetrieb rund um Königsbrück, immerhin ein nicht gerade kleiner Stützpunkt der »Roten Armee«, wusste – mit einer Trefferquote von nahezu 100 Prozent. Durchaus respektabel, denn auch in der DDR wurde ja nicht jeder Plan erfüllt.

Im ersten Halbjahr 1985 waren die Kamenzer 52er noch täglich im Dresdner Hauptbahnhof zu sehen, aber mit Beginn des Sommerfahrplans gab es nur mehr einen »Restbetrieb« mit zwei Planloks. Diese waren bei Tageslicht praktisch nur noch zwischen Dresden-Klotzsche, Königsbrück, Straßgräbchen-Bernsdorf und Wiednitz unterwegs. Hier bringt 52 8123-3 am Nachmittag des 26. Mai 1986 bei Bulleritz-Großgrabe den Nahgüterzug 66215 von Straßgräbchen-Bernsdorf nach Königsbrück. Heute liegen dort keine Gleise mehr.

Die Einwohner von Weißbach, nahe Königsbrück, hätten sich sicherlich vorstellen können, dass die Dampfloks eines Tages aus ihrer Welt verschwinden würden, aber dass die Eisenbahn insgesamt sich eines Tages grußlos abwenden würde? Im Jahre 1998 ist genau das geschehen. Am 12. April 1985 aber stoppte, wie jeden Tag, der mittägliche P 4856 von Dresden, gezogen von einer Kamenzer 52er und mit einer damals schon außergewöhnlich seltenen Packwagen-Bauart im Zugverband, am verkrauteten Bahnsteig. Aber nicht die Dampflok erregte Aufsehen, sondern allenfalls der Fotograf.

Routinegang zur Ladestraße, dem Abstellplatz der Kamenzer Dampfloks. Da stand etwas, das passte dort überhaupt nicht hin. Natürlich gab es Gerüchte, dass im Kamenzer Schuppen eine besondere Heizlok stehen sollte: Irgendwas Exotisches, das es eigentlich schon gar nicht mehr hätte geben dürfen, das aber dort in der Enge und Finsternis der Halle (und erst recht ohne »Beziehungen«) im Prinzip unerreichbar war. Aber wenn das da wie eine 56er aussieht, dann ist es wahrscheinlich auch eine: Die Überreste von 56 2162 am 29. Juli 1982.

Und noch eine Rarität hatte man »in der Heide« versteckt: Im Hof der DR-Berufsschule in Wiednitz stand seit Herbst 1981 die hervorragend hergerichtete 38 2267, die zehn Jahre später von der DGEG übernommen wurde und die wohl auch deshalb – im Gegensatz zur Kamenzer 56er – immer noch existiert. Aber: Welche »Seilschaften« wohl daran mitgewirkt haben mögen, die altgediente Thüringer P8, die lange Zeit nahe Saalfeld abgestellt war, über hunderte Kilometer ausgerechnet in die Lausitz zu transferieren, wo mit 35 1019 in Hoyerswerda und 03 2204 in Cottbus seit 1977 bereits zwei »große« Loks auf Denkmalsockeln »besseren Zeiten« entgegendämmerten (die dann für beide auch tatsächlich kamen), und nicht stattdessen zum Wohle des Sozialismus in den Schlund der nahen Maxhütte? So gesehen am 12. November 1983, in einer Pause zwischen diversen Kamenzer 52ern.

Der Aktionsradius eines Schülers wurde weitgehend von der Reichweite des Dresdner S-Bahn-Tarifs und der Sonntagsrückfahrkarte bestimmt. Mitten in der Woche nach dem Unterricht noch für zwei, drei Aufnahmen von Meißen nach Bischofswerda zu fahren, das war fast schon dekadent. Aber es lohnte sich – bei Tage und auch bei Nacht. Ein Blick über den Bahnhof Seitschen und auf die Bischofswerdaer Planlok 52 8193-6 mit dem P 7834 Bautzen – Bischofswerda am 7. September 1981.

Am Abend des regnerischen 18. Oktober 1981 wartet die Bautzener 52 8047-4 in Bischofswerda auf die nächste Leistung. Nach dem Ende ihrer DR-Laufbahn (sie gehörte im Jahre 1988 zu den letzten aktiven Zittauer 52ern) von 2003 bis 2011 nochmals betriebsfähig, wartet sie nun im Schuppen des ehemaligen Bw Nossen auf bessere Zeiten.

Im Sommer 1984 hatten die beiden Bischofswerdaer 52er letztmalig ordentlich »Auslauf« bekommen – man schickte sie bis Schlauroth und Knappenrode/Hoyerswerda. Dabei hatten die Technologen (und wohl auch der Zufall) dafür gesorgt, dass zwischen zehn und elf Uhr vormittags sage und schreibe drei dampfbespannte Güterzüge den Bahnhof Bautzen Richtung Osten hätten verlassen sollen: Dg 54205 nach Schlauroth, TLgo 49511 nach Görlitz sowie der Nahgüterzug 65253 nach Wilthen. Die Praxis war bisweilen nicht so generös: Am 24. August war 54205 der einzige der drei Züge, der von 52 8142-3 – immerhin in sehenswerter Art und Weise - die Steigung zum ehemaligen Block Falkenberg hinaufgewuchtet wurde.

Die zweite Planlok an jenem Tage war wieder einmal 52 8193-6, hier mit dem nachmittäglichen Lgo 59206 nach Knappenrode in der Einfahrt Radibor. Der Bahnhof besaß vor der Modernisierung lediglich Einfahrsignale, Durchfahrten wurden dem Lokführer von der (dann auf dem Bahnsteig präsenten) Aufsicht angezeigt. Der Verfasser dieser Zeilen ärgert sich noch heute, dass er diese besondere betriebliche Situation nicht ein einziges Mal bildlich dokumentiert hat.

Das letzte Refugium der zum Schluss nur noch zwei Bautzener Planloks lag in dem landschaftlich eher unspektakulären Gebiet nördlich von Bautzen: Sie fuhren nur mehr nach Knappenrode/Hoyerswerda und auf der nur noch im Güterverkehr genutzten Verbindung Radibor – Baruth durch Wiesen und Felder. Vor dem nachmittäglichen »Ringbahner« von Baruth mühte sich bei Cölln am 7. Februar 1986, deutlich nach Sonnenuntergang, 52 8183-7 bergan. Der Belichtungsmesser zeigte für den ORWO UT 18 gerade noch »Sechzigstel/Zwoacht«. Was das Thermometer anzeigte, ist nicht überliefert.

Blick von der anderen Seite: sommerliches Stillleben am 6. Juli 1985. Der mittägliche 64223 mit 52 8134-0 »hängt« jetzt voll in der Steigung nach Kleinwelka, der Heizer hat sein Feuer aber offensichtlich absolut im Griff. Wenn alles klappte, dann konnte man hier drei Richtung Bautzen fahrende Dampfzüge im Blockabstand sehen: Den »Ringbahner« 66253 von Baruth, den 64223 von Königswartha (mit einer Löbauer Lok) und (definitiv als Höhepunkt) den Kohlezug 56269 (siehe nächste Seite).

Das ist er: Kohle, soweit das Auge reicht; 52 8056-5 am 29. Januar 1986 vor dem 56269 bei der Durchfahrt Cölln. 1800 Tonnen Planlast machten den Einsatz einer Schiebelok (planmäßig eine Bautzener 112er) ab Neschwitz erforderlich, die trotz des etwas erhöhten Standpunktes hier noch nicht einmal zu sehen ist. Vier oder fünf dieser »Bomber« quälten sich hier für gewöhnlich jeden Tag bergan, aber alles an diesem Bild ist mittlerweile Geschichte: Erst verschwanden die Dampflokomotiven, dann die Kohlenzüge, dann die Reisezüge, zuletzt die Gleise. Aber ausgerechnet die Zuglok dieses Tages ist heute noch als Denkmal in Bautzen vorhanden.

Und auch diese Fuhre konnte sich sehen lassen: 52 8134-0 (heute noch bei der ÖGEG erhalten) bei Zescha mit dem 59269 nach Neschwitz/Wetro am 6. Mai 1986. Mit dem Anschluss Wetro, der mehrfach täglich bedient wurde, und dem Schiebebetrieb Richtung Bautzen (eingesetzt wurden fast ausschließlich Bautzener 112er, für die Baureihe 52 galt das ab einer Last von 1020 Tonnen) war das kleine Neschwitz für Nebenbahnverhältnisse (daran änderten auch die beiden Schnellzugpaare Bautzen – Berlin nichts) zu gewissen Zeiten ein ausgesprochen geschäftiger Bahnhof.

Entschleunigen in Neschwitz (I): 52 8134-0 bummelte am 6. Mai 1986 mit nur einem »Emil« im Schlepp durch den blühenden Löwenzahn über die Anschlussbahn Richtung Wetro. Und zwischen Dorfbäcker, Landfleischerei, Bahnhofskneipe oder »Kretscham« (eine auch heute noch in der Oberlausitz gebräuchliche Bezeichnung für den Dorfgasthof) und Bahndamm gab es in den blühenden Wiesen etwas – und wenn es auch nur für zwölf oder 14 Stunden war –, das in diesem kleinen Land nun wirklich Mangelware war: Freiheit ... die man jedoch nicht zugeteilt bekam, sondern die man sich nehmen musste, indem man auf eine Reihe von Seminaren und Vorlesungen »verzichtete«.

Entschleunigen in Neschwitz (II): Pause für 52 8056-5 und ihre Mannschaft am 26. Mai 1986 vor der Abfahrt nach Knappenrode. Dort wartet mit dem bereits erwähnten 56269 nach Bautzen eine ernste Angelegenheit. Auch in der Oberlausitz war die (optisch gewöhnungsbedürftige) sowjetische EZMG-Stellwerkstechnik (neben dem Empfangsgebäude sichtbar) im Einsatz, insgesamt wurden ab Mitte der 70er Jahre über 70 kleinere Bahnhöfe auf Nebenbahnen der DR damit ausgerüstet.

Für die verschlafene Lokalbahn-Idylle zwischen Radibor und Baruth – hier hatte man den Reiseverkehr bereits 1972 eingestellt – waren die 52er mit ihren bisweilen ellenlangen Nahgüterzügen eigentlich schon viel zu gewaltig. 52 8142-3 mit dem 66254 nach Baruth am Nachmittag des 20. September 1986 bei Radibor. Erkennungszeichen dieser Züge war der Packwagen, ein Pwgs88.

Nüscht los heute: Sonntags konnte es tatsächlich vorkommen, dass rund um Baruth »nichts zu holen« war, dass selbst der leistungs- und prozentfixierte Sozialismus einmal »Pause machte«. Am 31. Oktober 1987 traf der überraschte Fotograf die 52 8148-0 und ihren »Anhang« schon fast zwei Stunden vor Plan in der »Saurierstadt« Kleinwelka an. Dort wartete man wohl auf »Abruf«, denn der Bautzener Güterbahnhof verfügte nur über drei Einfahrmöglichkeiten aus Richtung Westen. Bleibt zu hoffen, dass es in der Aufsicht ordentlichen Kaffee gab.

Bw Bautzen, 1. Oktober 1987: Die Oberlausitz beherbergte zwei der drei noch bei der Reichsbahn vorhandenen Neubauloks der Baureihe 65. In Zittau bzw. Löbau heizten 65 1008-5 und 65 1057-2. Leider wurde eine Reaktivierung dieser Loks für den Zugdienst (wie mit der Baureihe 35 in Nossen bzw. der Baureihe 86 in Aue geschehen) wohl nie ernsthaft in Erwägung gezogen. Die wie frisch untersucht glänzende 65 1057-2 würde auch weiterhin nur im Stehen »Dampf kochen«, sollte aber nach 1990 in der Regie des »Berliner Eisenbahnfreunde e.V.« wieder zum Einsatz kommen.

Was für ein Kontrast: Der ehemalige Eberswalder »Öler« 44 1616-0, 1983 zurückgebaut auf Rostfeuerung und in dieser Form auch im 21. Jahrhundert noch – nunmehr in Heilbronn – vorhanden, als Heizlok im Bahnhof Bautzen im Januar 1986.

Der Umbau der 44er in den Jahren 1982/83 sorgte damals für aufgeregte Spekulationen: Würden die Zeiten noch verrückter werden, würde die Reichsbahn nach 35ern, 41ern und 86ern tatsächlich auch wieder Kohle-44er auf die Strecke schicken? Aber die knapp 60 Umbauloks blieben überwiegend in den Heizständen der Bahnbetriebswerke, damit dort nicht die betrieblich wesentlich handlicheren 50er oder 52er (im Wortsinn) »verheizt« werden mussten. Nur wenige durften zumindest aus eigener Kraft »zur Arbeit fahren« wie die in Bautzen oder Cottbus. Über den »Wirkungsgrad« der Kombination »extra-schlechte Kohle/extra-großer Rost« sei taktvoll geschwiegen, und die meisten der Loks sahen mit braunem Fahrwerk und Ersatz-Nummernschildern dazu noch buchstäblich wie »das letzte Aufgebot« aus. Wer die auf Hochglanz polierten und nicht selten mit verchromten Waschlukendeckeln und Lampenringen(!) aufgedonnerten Sangerhäuser 44er noch in guter Erinnerung hatte, der konnte sich hier eigentlich nur noch leise weinend abwenden. Dies warf eine seinerzeit ernstgemeinte, wiewohl im Zeitalter der Digitalfotografie bizarr erscheinende Frage auf: Sollte man für einen solchen »Zombie« tatsächlich ein kostbares Mittelformat-Dia opfern? Die waren (für einen Studenten) nicht nur teuer, sondern konnten im Ernstfall (und ohne »Beziehungen«) auch noch verdammt knapp sein. Entscheidungshilfe war zumeist die »Letzte-Bild-Regel«: Waren am Ende der Tour nur noch ein oder zwei Aufnahmen auf dem Film übrig und keine weiteren Aktionen geplant (es gab Tage, die beendete man tatsächlich mit nur ein oder zwei »Schüssen«), so konnte man sich eine Diesellok oder eine Heizlok »gestatten« und dann den Film (der mitunter schon wochenlang in der Kamera lag, denn in Farbe wurde nur bei passablem Wetter fotografiert) ins Labor schicken, um seiner Neugier – endlich! – Genüge zu tun.

Die Einsatzstelle Löbau des Bw Bautzen setzte bis Ende 1987 meist drei 52er planmäßig ein. Eine der Stammloks war 52 8200-9, die letzte ihrer Serie, hier im letzten Licht des 15. August 1982. Die Löbauer Loks waren überwiegend in Richtung Süden, im Land der Umgebindehäuser, unterwegs – in Obercunnersdorf, Niedercunnersdorf, Dürrhennersdorf und Seifhennersdorf. Aber auch wer von sich behaupten mag, er kenne die Welt, der war wahrscheinlich trotzdem noch nicht in Ninive.

Gemeint ist hier allerdings nicht der gleichermaßen biblische wie historische Ort in Kleinasien, sondern ein kaum 200 Seelen zählender Ortsteil des Städtchens Herrnhut, der Heimat der traditionsreichen »Brüdergemeinde« im Herzen der Oberlausitz. Am 28. Juni 1986 hatte die Sonne den höchsten Punkt ihrer Bahn erreicht, als die langjährige Löbauer Planlok 52 8143-1 (genannt »die wilde Lucie«) mit dem P 17863 Löbau - Oberoderwitz die lange Gerade hinter dem Haltepunkt Ruppersdorf heruntergaloppierte. Ein Blick über die Wagendächer lässt ahnen, dass die Zugbildung wieder mal – »typisch« Bahnbetriebswagenwerk Löbau – nach dem Prinzip »*vu jedn Durfe a Hund*« erfolgt ist.

Zwischen Ebersbach und Eibau konnte man einen abwechslungsreichen Tag verbringen, denn dort traf man sowohl Löbauer als auch Zittauer 52er. Die Zittauer 52 8104-3 rangiert am Morgen des 4. Mai 1986 mit dem 65273 Bischofswerda – Zittau in Neugersdorf. Gegen acht Uhr folgte der 65272 nach Bischofswerda, und nach neun Uhr der 65221 nach Seifhennersdorf mit einer Löbauer Lok, die noch vor Mittag mit dem 65222 wieder hier vorbeikam. Ordentlich Betrieb, möchte man meinen. Dennoch war Neugersdorf einer der ersten Bahnhöfe in der Oberlausitz, die nach 1990 »aufgelassen« wurden.

Wenige Wochen später, am dunstigen Morgen des 28. Juni 1986, konnte 52 8111-8 hinter Eibau mit dem 65272 von Zittau nach Bischofswerda beobachtet werden. Diese Züge waren das Alltagsgeschäft der Zittauer Loks.

Auch im Sommer 1988 – zu einem Zeitpunkt also, da reichsbahnweit nur noch die Halberstädter Einsatzstelle Oschersleben planmäßig regelspurige Dampfloks einsetzte – würden sie immer noch sporadisch in diesen Diensten unterwegs sein.

Schöne Oberlausitz: Um den Fotografen herum auf der Wiese verteilt liegen ein Fahrrad, ein Kursbuch, eine Kamera und ein Paket frischen Oberlausitzer Bäckerkuchens. Der Sozialismus mit all seinen Zudringlichkeiten ist weit weg: Die Sonne scheint, die Vögel singen, die Bauern erfüllen den Plan, und die Eisenbahn macht Dampf. 52 8080-5, dritte Löbauer Stammlok und auch heute noch im dortigen Heizhaus untergestellt, verlässt Eibau mit dem 65221 nach Seifhennersdorf am 1. Juli 1986. Am rechten Bildrand erkennt man das Oberoderwitzer Streckengleis.

Abgesang (I): Was für die Philosophie gilt, kann manchmal auch in der Fotografie Erfolg haben und ein Wechsel der Perspektive kann zu überraschenden Einsichten führen: Den gewohnten Standpunkt verlassen, ein paar Schritte zurück – und aus Schwarz wurde Gold. Bautzen, im Herbst 1987.

Abgesang (II): An einem strahlenden Novembernachmittag des Jahres 1991 - vier Jahre nach dem Ende der planmäßigen Einsätze - hat ein verständnisvoller Lokleiter die letzten Bautzener Heizloks, die allerdings beide einen Großteil der 80er Jahre aktiv im Bw Kamenz verbrachten, für den Fotografen an der Drehscheibe passend zurechtgerückt.

WEITERE INTERESSANTE BÜCHER ZUM THEMA

Thomas Rieger fotografierte in den 70er und 80er-Jahren die Dampfloks der Deutschen Reichsbahn. Für diesen Bildband stellte Dirk Endisch die eindrucksvollsten Farb- und Schwarzweißaufnahmen aus dem Nachlass des Fotografen zusammen, die er sachkundig kommentiert.

192 Seiten, 180 Abb.,
230 x 265 mm
ISBN 978-3-613-71328-4
€ 29,90 |€ (A) 30,80

Schmalspurbahnen vermitteln für viele Touristen Eisenbahnnostalgie. Doch was heute eine Touristenattraktion ist, bedeutete Ende des 19. Jh. für viele Orte den Anschluss an die weite Welt. Reiner Preuß beschreibt Geschichte und Technik dieser faszinierenden Eisenbahnwelt

160 Seiten, 328 Abb.,
230 x 265 mm
ISBN 978-3-613-71571-4
€ 29,90 |€ (A) 30,80

Edward H. Broekhuizen begab sich nach der Wende auf eine Fotosafari durch die ehemalige DDR und die neuen Bundesländer. Bei den zahlreichen Plandampfveranstaltungen gelangen ihm unwiederbringliche Farbaufnahmen.

176 Seiten, 200 Abb.,
230 x 265 mm
ISBN 978-3-613-71595-0
€ 19,95 |€ (A) 20,60

Dieses Buch bietet anhand von Zeitzeugen- und Fahrtverlaufsberichten sowie bislang unveröffentlichtem Bildmaterial einen umfassenden Überblick über diesen als Kolonnenwesen bekannt gewordenen Abschnitt deutscher Eisenbahngeschichte.

176 Seiten, 150 Abb.,
230 x 265 mm
ISBN 978-3-613-71606-3
€ 29,90 |€ (A) 30,80

Leseproben zu allen Titeln auf unserer Internetseite

trans press

Stand Januar 2022
Änderungen in Preis und Lieferfähigkeit vorbehalten.

Überall, wo es Bücher gibt, oder unter
WWW.MOTORBUCH-VERSAND.DE
Service-Hotline: 0711 / 78 99 21 51
www.facebook.com/MotorbuchVerlag

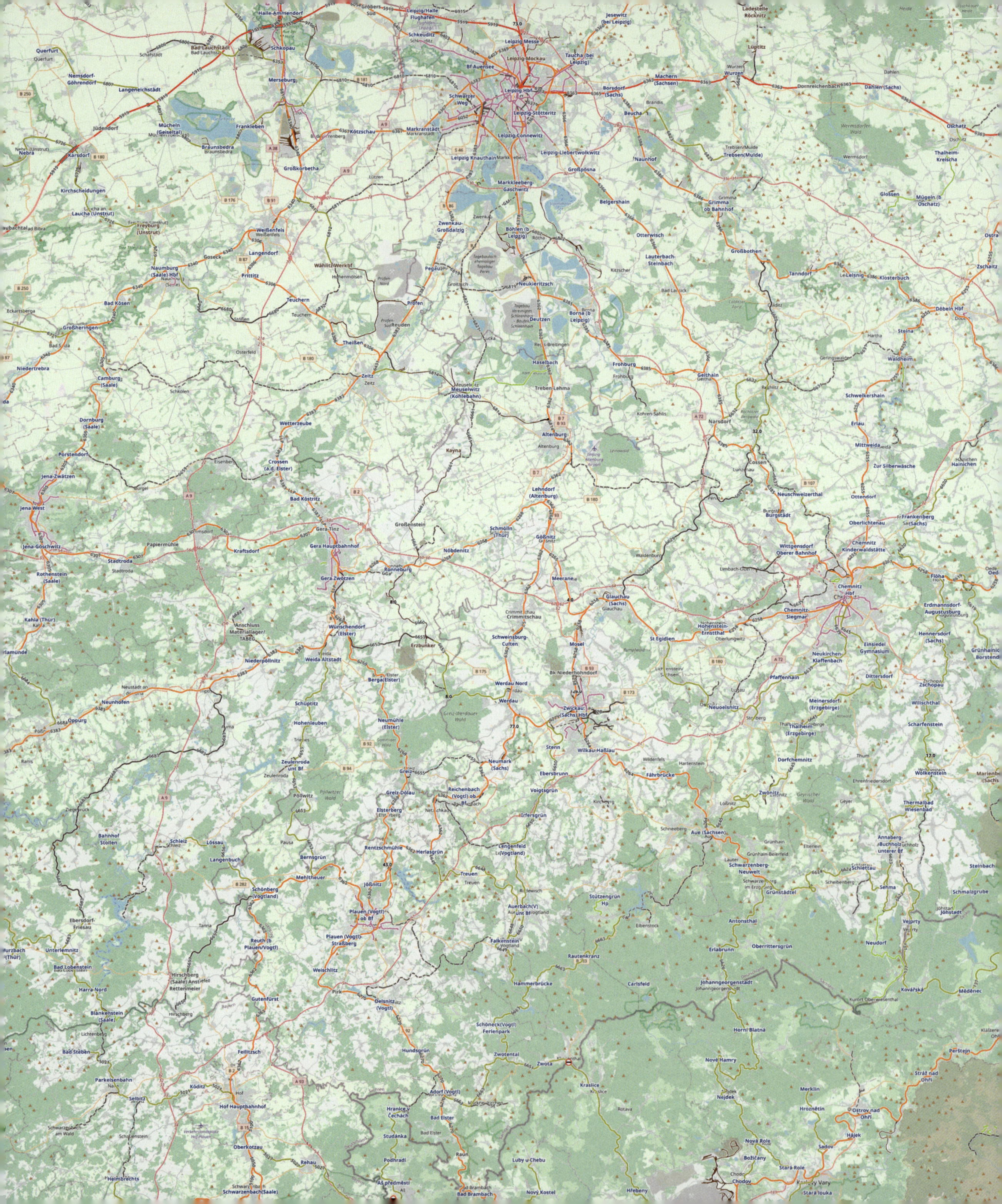
Halle-Ammendorf
Leipzig/Halle Flughafen
Jesewitz (bei Leipzig)
Ladestelle Röcknitz
Querfurt
Bad Lauchstädt
Schkopau
Schkeuditz
Leipzig Messe
Taucha (bei Leipzig)
Lüptitz
Nemsdorf-Göhrendorf
Merseburg
Bf Auensee
Leipzig-Mockau
Wurzen
Langeneichstädt
Leipzig Hbf
Borsdorf (Sachs)
Machern (Sachsen)
Dornreichenbach
Dahlen (Sachs)
Schwarzer Weg
Leipzig-Stötteritz
Beucha
Mücheln (Geiseltal)
Frankleben
Kötzschau
Markranstädt
Leipzig-Connewitz
Jüdendorf
Braunsbedra
Leipzig-Liebertwolkwitz
Trebsen (Mulde)
Oschatz
Nebra
Karsdorf
Großkorbetha
Leipzig Knauthain
Naunhof
Thalheim-Kreischa
Großpösna
Kirchscheidungen
Markkleeberg-Gaschwitz
Laucha (Unstrut)
Grimma ob Bahnhof
Glossen
Müggen (b Oschatz)
Belgershain
Weißenfels
Freyburg (Unstrut)
Zwenkau-Großdalzig
Böhlen (b Leipzig)
Otterwisch
Langendorf
Naumburg (Saale) Hbf
Goseck
Wählitz Werkbf
Lauterbach-Steinbach
Großbothen
Prittitz
Pegau
Neukieritzsch
Tanndorf
Leisnig
Klosterbuch
Zschaitz
Bad Kösen
Teuchern
Profen
Deutzen
Borna (b Leipzig)
Döbeln Hbf
Großheringen
Theißen
Steina
Niedertrebra
Zeitz
Haselbach
Frohburg
Geithain
Waldheim
Camburg (Saale)
Meuselwitz (Kohlebahn)
Treben Lehma
Schwelkershain
Dornburg (Saale)
Wetterzeube
Altenburg
Narsdorf
Erlau
Porstendorf
Kayna
Mittweida
Crossen (a.d. Elster)
Cossen
Zur Silberwäsche
Jena-Zwätzen
Neuschweizerthal
Bad Köstritz
Lehndorf (Altenburg)
Ottendorf
Jena West
Burgstädt
Gera-Tinz
Großenstein
Oberlichtenau
Frankenberg (Sachs)
Gera Hauptbahnhof
Schmölln (Thür)
Gößnitz
Papiermühle
Kraftsdorf
Wittgensdorf Oberer Bahnhof
Chemnitz Kinderwaldstätte
Jena-Göschwitz
Nöbdenitz
Stadtroda
Ronneburg
Flöha
Gera-Zwötzen
Meerane
Chemnitz Hbf
Rothenstein (Saale)
Glauchau (Sachs)
Chemnitz-Siegmar
Erdmannsdorf-Augustusburg
Crimmitschau
Kahla (Thür)
Wünschendorf (Elster)
Hohenstein-Ernstthal
Hennersdorf (Sachs)
Erzbunker
Schweinsburg-Culten
St Egidien
Neukirchen-Klaffenbach
Einsiedel Gymnasium
Niederpöllnitz
Weida Altstadt
Mosel
Berga (Elster)
Werdau Nord
Pfaffenhain
Dittersdorf
Zschopau
Werdau
Neuoelsnitz
Meinersdorf (Erzgebirge)
Neunhofen
Schüptitz
Willischthal
Oppurg
Hohenleuben
Neumühle (Elster)
Zwickau (Sachs) Hbf
Thalheim (Erzgebirge)
Scharfenstein
Stenn
Wilkau-Haßlau
Zeulenroda unt Bf
Greiz
Neumark (Sachs)
Dorfchemnitz
Ebersbrunn
Fährbrücke
Wolkenstein
Pöllwitz
Greiz-Dölau
Reichenbach (Vogtl) ob Bf
Voigtsgrün
Zwönitz
Thermalbad Wiesenbad
Elsterberg
Irfersgrün
Bahnhof Stollen
Aue (Sachsen)
Annaberg-Buchholz unterer Bf
Schleiz
Lössau
Rentzschmühle
Herlasgrün
Lengenfeld (Vogtland)
Langenbuch
Bernsgrün
Treuen
Schwarzenberg Neuwelt
Schlettau
Steinbach
Mehltheuer
Jößnitz
Grünstädtel
Sehma
Schmalzgrube
Schönberg (Vogtland)
Auerbach (V) unt Bf
Stützengrün Hp
Jöhstadt
Ebersdorf-Friesau
Plauen (Vogtl) ob Bf
Antonsthal
Vejprty
Unterlemnitz
Reuth (b Plauen/Vogtl)
Plauen (Vogtl)-Straßberg
Falkenstein (Vogtland)
Erlabrunn
Oberrittersgrün
Neudorf
Bad Lobenstein
Rautenkranz
Weischlitz
Hirschberg (Saale) Anst Rettenmeier
Harra Nord
Hammerbrücke
Carlsfeld
Johanngeorgenstadt
Kovářská
Měděnec
Gutenfürst
Oelsnitz (Vogtl)
Blankenstein (Saale)
Schöneck (Vogtl) Ferienpark
Horní Blatná
Bad Steben
Hundsgrün
Feilitzsch
Zwotental
Zwota
Perštejn
Nové Hamry
Parkeisenbahn
Köditz
Adorf (Vogtl)
Kraslice
Merklin
Nejdek
Hroznětín
Selbitz
Hof Hauptbahnhof
Hranice v Čechách
Bad Elster
Ostrov nad Ohří
Studánka
Oberkotzau
Nová Role
Hájek
Rehau
Podhradí
Raun
Luby u Chebu
Božičany
Stará Role
Sadov
Helmbrechts
Schwarzenbach (Saale)
Aš předměstí
Bad Brambach
Nový Kostel
Hřebeny
Chodov
Stará louka